猴面包树

列车抵达威尼斯潟湖湖边。

包厢的装饰别具一格，瞬间开启时空之旅。

"巴黎"包厢内的镶嵌拼花装饰细节。

包厢内景,上下卧铺。

行驶在苏格兰绿野中的珍宝——苏格兰皇家列车。

本页画作绘于1891年，画中描绘的是君士坦丁堡苏莱曼清真寺和布达佩斯市的景象。画作由亚历山德罗·贝伦达（Alessandro Bellenda）收藏。

# 奢华列车梦幻之旅

LA FOLIE DES
TRAINS DE LUXE

［法］西蒙·贝尔特兰德
SIMON BERTRAND

著

霍一然 译

中央编译出版社
Central Compilation & Translation Press

# CONTENTS 目 录

1　一段疯狂的历史
The history of a folly

19　1　总统号列车
The Presidential Train

31　2　安达卢西亚号列车
Tren Al Ándalus

37　3　东方快车
Orient-Express

47　4　威尼斯辛普伦东方快车
Venice Simplon Orient-Express

59　5　莱茵黄金号列车
Rheingold

65　6　金鹰号多瑙河快车
Golden Eagle Danube Express

75　7　苏格兰皇家列车
The Royal Scotsman

87　8　英国王室专列
British Royal Train

97　9　英国铂尔曼号列车
British Pullman

113　10　爱尔兰希伯尼安列车
Grand Hibernian

125　11　蓝色列车
Train Bleu

135　12　蔚蓝海岸铂尔曼号列车
Côte d'Azur Pullman Express

147　13　金鹰号西伯利亚快车
Golden Eagle Trans-Siberian Express

155　14　非洲之傲列车
Pride of Africa

163　15　亚洲东方快车
Eastern & Oriental Express

173　16　九州七星号列车
Seven Stars in Kyushu

177　17　黄昏特快瑞风号列车
Twilight Express Mizukaze

185　18　皇家特快
The Royal Express

193　19　四季岛豪华寝台列车
Train Suite Shiki-Shima

203　20　二十世纪高级快车
20th Century Limited

209　21　美洲东方快车
American Orient Express

215　22　"弗吉利亚城"车厢
« Virginia City »

219　23　海勒姆·宾厄姆号列车
Hiram Bingham

229　24　安第斯探索号列车
Andean Explorer

238　参考文献

239　图片版权

241　致谢

# The history of a folly

# 一段疯狂的历史

## 铁路工匠

有时，我们不得不承认，一切都是命运的安排。例如，两位在奢华列车发展史上最具代表性的人物不仅都叫乔治，还都是"修地球"的老顽固。而他们所具备的坚忍不拔的品质，正是完成伟大事业的必要条件。

19世纪50年代，美国人乔治·铂尔曼（George M. Pullman）经常搭乘条件简陋的卧铺列车出差，为了改善旅途体验，他决定自己设计卧铺车厢。1859年，他对芝加哥铁路公司下属的"奥尔顿"号（Alton）和"圣路易斯"号（St. Louis Railroad）车厢进行改造，加装了窗帘和折叠床，并为每节车厢配备了一名搬运工和一名引导员，以满足乘客在整趟旅途中的需求。改造大获成功，铂尔曼的铁路生涯也由此开启。1864年，"先锋"号（Pioneer）卧铺车厢问世；1868年，"德尔莫尼科"（Delmonico）餐车开门迎客。这2节车厢以上流阶层为目标受众，为创立者铂尔曼带来了巨额财富。这些面向"大众群体"的车厢面世后，铂尔曼推出了更具个性化的专属豪华车厢，为车厢主人定制线路，吸引了一批行业精英和国家政要。20世纪50年代之前，奢华列车一度成为精英阶层的特权。在19世纪下半叶的欧洲，只有那些享有贵族头衔的人才有资格拥有自己的豪华车厢。拿破仑三世委任欧仁·维奥莱－勒－杜克（Eugène Viollet-le-Duc）布置和装饰了他的皇家专列，英国的君主也早在1842年便拥有了奢华的王室列车。但在当时，无论是富人还是平民，能登上奢华列车的机会都少之又少。

P1：美国人乔治·铂尔曼（左）和比利时人乔治·纳吉麦克（右）掀起了铁路运输革命。

奢华列车梦幻之旅　LA FOLIE DES TRAINS DE LUXE

1867年，年轻的比利时工程师乔治·纳吉麦克（Georges Nagelmackers）来到美国。在为期10个月的旅程中，他亲身体验了由乔治·铂尔曼设计的列车。铂尔曼式车厢与欧洲简陋的车厢有着天壤之别，这让纳吉麦克萌生了在欧洲开发类似车厢的想法。他受铂尔曼式车厢的启发，结合欧洲市场的需求特点，设计了自己的豪华卧铺车厢，设置了分隔开的私人包间和上流阶层专用车厢，并成立了国际卧铺车公司（CIWL）。然而，列车的运营面临诸多挑战——在欧洲进行长途旅行免不了跨越国界，这对卧铺列车的实用性提出了很高的要求。问题就出在这里。对当时的欧洲而言，申根区还是一个遥不可及的乌托邦，国家之间的外交关系也不算和睦。更麻烦的是，出于战略考量，不同国家的轨道标准也不一致。技术方面的限制层出不穷，纳吉麦克的项目似乎难以付诸实践。然而，这位比利时的创业家有着最坚毅的品格。他攻克了一个个难关，稳步推进，成功地把卧铺车厢加挂在已有的列车上。1883年，第一辆完全由纳吉麦克设计的列车——"东方快车"（Orient Express）——首次启程，从巴黎开往君士坦丁堡，那时它还不是直达列车。纳吉麦克的努力得到了应有的回报，东方快车的诞生无论是在技术层面还是在外交层面都是一次壮举。19世纪的欧洲大陆历经工业革命和无数纷争，已日渐式微，而东方快车却是一股进步的力量。它开启了大型奢华列车的新纪元。

20世纪上半叶是奢华列车的黄金时代。国际卧铺车公司的列车在欧洲大陆纵横驰骋，引来众多效仿者。德国米托帕铁路公司（Mitropa）推出"莱茵黄金"（Rheingold）号列车，试图与法国同行竞争，吸引更多的英国游客；日本的奢华列车则采用绚烂华丽的桃山式装饰风格，搭载富有的旅客们欣赏富士山的盛景，列车光鲜的外表与周围的美景相映成趣。第二次世界大战期间，奢华列车业务停摆，之后随着航空业的崛起，有经济实力的客户们更倾向于乘飞机出行，奢华列车再难重现往日的辉煌。

P2：两次世界大战的间隔期，国际卧铺车公司的引导员在工作期间佩戴的帽子。亚历山德罗·贝伦达收藏。

P3：1883年8月东方快车上的菜单，当时这辆传奇列车刚刚推出2个月。亚历山德罗·贝伦达收藏。

P4-P5：《赫利奥波利斯宫》（Héliopolis Palace），乔治·多利瓦（Georges Dorival）1910年创作于开罗。亚历山德罗·贝伦达收藏。

奢华列车梦幻之旅　LA FOLIE DES TRAINS DE LUXE

奢华列车梦幻之旅　LA FOLIE DES TRAINS DE LUXE

尽管奢华列车的黄金时代已然成为过去,但仍有"铁路工匠"接过了火种,其中包括阿尔伯特·格拉特(Albert Glatt)、詹姆斯·谢尔伍德(James B. Sherwood)、罗安·沃斯(Rohan Vos)和水户冈锐治(Eiji Mitooka)。他们设计了以"九州七星号列车"(Seven Stars in Kyushu)、日本"皇家特快"(Royal Express)、"四季岛豪华寝台列车"(Train Suite Shiki-Shima)为代表的现代列车,还推出了"威尼斯辛普伦东方快车"(Venice Simplon Orient-Express, VSOE)、"英国铂尔曼号列车"(British Pullman)等怀旧经典车型,为奢华列车的发展注入了一股新的能量。东方快车的传奇仍然生动鲜活,令全世界的旅行者神往。

## 快车与传奇

两次世界大战的间隔期,奢华列车的发展迈上了新的台阶。这一时期,国际卧铺车公司对列车进行了翻新,为夜行列车刷上蓝色油漆,用金色描边,还召集了一批有代表性的艺术家,为金属车厢设计内部装饰。在勒内·普鲁(René Prou)、勒内·拉里克(René Lalique)和保罗·尼尔森(Paul Nelson)的努力下,东方快车、"蓝色列车"(Train Bleu)和"蔚蓝海岸铂尔曼号列车"(Côte d'Azur Pullman-Express)成了装饰艺术的范本,它们随着潮流不断发展,始终能让登上列车的乘客有赏心悦目的感觉。在英吉利海峡另一侧的英国,阿尔伯特·杜恩(Albert Dunn)和莫里

森装饰公司(Morrison & Co.)为铂尔曼列车有限公司的车厢精心设计装潢和饰物。虽然乔治·铂尔曼本人从未涉足欧洲市场,但他的名字却在其不知情的情况下被当作商标,刻印在欧洲奢华列车的车身上。而在大西洋彼岸的美国,工业设计师亨利·德雷弗斯(Henry Dreyfuss)受到同时代欧洲设计师的影响,用时尚的装饰艺术让"二十世纪高级快车"(20th Century Limited)焕发新生。50年后,东方快车集团旗下的贝尔蒙德酒店集团(Belmond)为重现东方快车的标志性视觉艺术,请来菲利普·阿勒芒工作室(Atelier Philippe Allemand)和杜恩父子工作室(A Dunn & Son)才华横溢的艺术家们参与设计。他们用这种方式,向国际卧铺车公司及整个豪华快车产业致敬。当今的豪华快车同样重视营造独特的视觉身份,注重设计的品质。在这方面,日本列车堪称翘楚。换言之,在整辆列车的制造过程中,不仅要考虑如何让列车更加精致美观,还要设法让车厢的整体形象永远留在人们的记忆里。

P6、P7:最新的奢华列车之———四季岛豪华寝台列车的走廊(左图)和景观车厢(右图)。此趟专列装饰精致、设施完备,为日本游客提供最好的服务。

P8:部分欧洲豪华快车的标签。亚历山德罗·贝伦达收藏。

P9:国际卧铺车公司售票处的广告牌,该售票处位于巴黎大酒店。亚历山德罗·贝伦达收藏。

20世纪上半叶的奢华列车不仅存在于物质层面,也成了当时人们挥洒想象力的精神乐园。20世纪30年代,虚构幻想题材兴起,以瓦莱里·拉尔博(Valery Larbaud)为代表的一批诗人为东方快车创作诗歌,让奢华列车披上了神秘外衣。对于普罗大众而言,威尼斯辛普伦东方快车、"金鹰号西伯利亚快车"(Golden Eagle Trans-Siberian Express)、蓝色列车从月台驶出的那一刻,就是旅途的高潮;至于行程中车上发生了什么,只有那些得以搭乘奢华列车的精英人士知晓。通过阅读阿加莎·克里斯蒂(Agatha Christie)在1934年出版的小说《东方快车谋杀案》,和伊恩·弗莱明(Ian Fleming)创作于1963年的《007之俄罗斯之恋》,每个人都能体验奢华列车的刺激旅程,幻想自己在有着"国王的火车"之称的列车包厢和餐车里遇见来自世界各地的商人、外交官、银行家、没落的贵族和寡言的间谍。之后,电影银幕又将车厢里漂亮的镶嵌拼花护墙板呈现在人们眼前。"奢华列车"是美好旧时光的代名词,无数人为之着迷。对很多收藏家而言,奢华列车早已超越其本身的含义,成了圣物一般的存在。亚历山德罗·贝伦达便是其中之一。他是欧洲在该领域内私有藏品最多的收藏家,专门收集国际卧铺车公司旗下奢华列车的相关物件,包括家具零件、勒内·拉里克和勒内·普鲁设计的装饰品,以及各式模型、海报、照片、文件……他以满腔热情不断搜寻新的藏品,让它们维持在最好的状态,保存那份对奢华列车的记忆。皮埃尔·弗雷布艺公司(Maison Pierre Frey)以他收藏的一块布料为模板,复刻了铂尔曼车厢的座椅面料。为了修复藏品,贝伦达也曾向专门研究20世纪上半叶装饰艺术的木艺专家请教。如今,他的藏品在博物馆展览着。他通过这些物品,让传奇列车和文化遗产重现在人们面前。

奢华列车的传奇早已深入人心,而新时代铁路观光列车的设计者们试图塑造新的传奇,他们尝试将有代表性的装修风格和装饰艺术融入多功能列车:英国铂尔曼号列车、威尼斯辛普伦东方快车、"安达卢西亚号列车"(Tren Al Ándalus)的设计风格既怀旧又国际化,而"安第斯探索号列车"(Andean Explorer)、"美洲东方快车"(American Orient Express)、"黄昏特快瑞风号列车"(Twilight Express Mizukaze)则采用了前所未有的全新设计理念。显而易见的是,随着航空业的飞速发展,飞机在速度方面的优势已毋庸置疑,但也许正是因为这一点,人们开始对奢华列车有了一种新的认识,即搭乘带有观光功能的奢华列车,能够让旅途的体验更加完整。

P10:亚历山德罗·贝伦达(上)一生痴迷于奢华列车。他用收集到的蔚蓝海岸铂尔曼号列车上的物件,布置出了图中的场景。用到的物件包括:勒内·普鲁设计的家具、苏珊娜·拉里克·哈维兰(Suzanne Lalique-Haviland)设计的天鹅绒雕花扶手椅、勒内·拉里克于1928年制作的装饰护墙板(下)。

P11:这把紫色扶手椅曾被放置在铂尔曼列车尽头的小起居厅里。亚历山德罗·贝伦达收藏。

P12-P13:1929年5月,铂尔曼沙龙车厢抵达巴黎里昂火车站。

# 观光火车
## 让旅行更完整

P14：1911年分发给金鹰号西伯利亚快车乘客的观光手册。
亚历山德罗·贝伦达收藏。

20世纪初，在欧洲上流社会眼中，豪华快车是最便捷的交通方式，因此无论是商务会面还是前往法国沿海度假，他们都将乘坐火车出行作为首选。为了确保列车准点到站，国际卧铺车公司取消了经停，开通了无须货物转运的直达列车。乘客们可以在餐车上享用精致的餐点，不必再因靠站用餐耽搁时间。诚然，旅途的舒适度和服务的水准是衡量整体旅程的重要标准，但归根到底，火车的首要用途是交通工具，它的实用性不容忽视。

如今，随着公众再一次对火车燃起兴趣，乘坐奢华列车本身就已成为旅行的一部分。搭乘火车不仅能让乘客从A点抵达B点，顺便享受考究的服务，还能让他们在旅途中饱览一个地区甚至一个国度的风景，在"铁道上的宫殿"中领略沿途的风光。早在东方快车首次发车时，乔治·纳吉麦克就尝试让乘客的旅途体验更加完整，他在车上举办吉卜赛音乐会，还组织乘客们参观城堡；1894年，他成立了大酒店国际集团，让每名抵达目的地的乘客都能立刻找到与他们身份相符的落脚点。20世纪80年代，东方快车集团旗下的贝尔蒙德酒店创始人詹姆斯·谢尔伍德受此启发，将酒店选址定在一个有着多座宫殿的公园里。东方快车和金鹰号西伯利亚快车搭载着乘客直抵遥远而神秘的目的地，安第斯探索号列车、"亚洲东方快车"（Eastern & Oriental Express）和"非洲之傲列车"（Pride of Africa）则分别带领乘客参观马丘比丘，深入东南亚的丛林，感受卡拉哈里沙漠的魅力。如今，仅仅作为交通工具的飞机，倒是需要奋起直追了。威尼斯辛普伦东方快车、"金鹰号多瑙河快车"（Golden Eagle Danube Express）和"总统号列车"（Presidential Train）打起了怀旧牌，为那些钟情异国情调的人们提供一个重返旧时光的机会，并对车厢进行现代化的改良。列车上设有水疗馆、壁炉、私人浴缸、

P15、P16-P17："甜蜜生活"号东方快车的车厢室内布置，由迪莫尔工作室（Dimore Studio）设计。该列车将于2024年在意大利迎来首批乘客。

皇室套房和总统套房——各火车公司极尽奢华、创意无限，试图在市场上赢得一席之地。珍馐美馔自然也是旅途必不可少的一部分，星级名厨们被奢华列车的神秘感吸引，丝毫不介意在狭小的厨房里大显身手。登上列车的幸运儿们只需静静享受旅程，忘记时间的流逝，让火车慢悠悠地把自己带往未知的远方。2024年，新的东方快车——"甜蜜生活"号（La Dolce Vita）——将正式投入运营，它代表着火车复兴的新趋势，旨在展现意大利电影的魅力与生活的艺术。阿尔伯特·格拉特在1976年为挽救东方快车而设立了往返于苏黎世和伊斯坦布尔的"怀旧伊斯坦布尔东方快车"（Nostalgie-Istanbul-Orient-Express），这列曾经的东方快车也将于2024年重启。20世纪90年代，这趟列车失去踪迹，直到2015年，人们才重新找到了它的车厢，目前翻新工作正在进行中。可以确信的是，疯狂的故事仍将上演，人们对奢华列车的遐想从未止息。

# The Presidential Train

## 总统号列车

**始发站：** 葡萄牙波尔图圣本笃火车站
**列车结构：** 6节车厢（1节总统车厢、1节部长车厢、1节委员会委员和安保车厢、1节餐车、1节媒体车厢、1节乘务员车厢）
**运行时间：** 1890年投入运营（1970年暂停运营），2016年重新开始运营

# 1.

### 美食与怀旧之旅

在葡萄牙小镇恩特隆卡门托的国家铁路博物馆里，铁路历史上的珍宝——总统号列车，正在尘封中耐心等待着重获新生的一天。这列火车诞生于1890年，由巴黎工匠为葡萄牙皇室建造。1910年君主制覆灭后，它变为总统专列，一直运行到1970年。在80年的服役生涯中，它搭载过包括伊丽莎白女王二世和教皇保罗六世在内的众多权贵。之后，列车的6节车厢被当作文物，存放在博物馆里。

总统号列车就这样沉睡多年，直到富有远见的戏剧制作人龚萨罗·卡斯特·布兰科（Gonçalo Castel-Branco）发现了它。他被这辆与东方快车有着异曲同工之妙的列车深深吸引，决心要让它重启，但不知该如何运营。他十岁的小女儿伊内斯（Inès）提议：为什么不把列车改装成一间行驶在铁轨上的餐厅呢？卡斯特·布兰科一开始否决了这个方案，但最终还是决定试一下。确立运营方式后，他与有关各方进行了多轮谈判，得到了经营许可，这辆美食列车终于得以行驶在杜罗河谷的铁道上。车厢在不改变原始外观的前提下进行了整体翻新，里面摆着天鹅绒扶手椅，饰以涂清漆的木质护墙板，20世纪30年代简约优雅的装饰艺术风格在这里重新呈现。自2016年开通以来，总统号列车每趟仅搭载60余名乘客，一直是个高品质的热门旅游项目。

这趟列车从历史悠久的圣本笃火车站启程，跨过由古斯塔夫·埃菲尔（Gustave Eiffle）在1877年设计的玛利亚皮亚铁路桥，之后便驶入杜罗河谷的丘陵。客人登车后先进入包厢，随后被引至餐车，享用由名厨料理的美食。总统号列车是一座行走的宫殿，乘客们不仅是在搭乘火车出行，而且是在享受美食之旅。列车每年运行25天，最优秀的厨师们会在途中依次登场，利用沿途各地的物产精心烹饪。列车在愈加陡峭的山坡上爬升时，乘客们在车厢内享用着美味。瓷餐盘和水晶杯中的美酒佳肴一下肚，候在一旁的侍者便会从容上前，为客人更换菜式。旅程的终点是位于维苏威葡萄酒庄园（Quinta do Vesuvio）的私家火车站。乘客们可以下车参观酒庄，在橘子树下品尝举世闻名的波特酒，之后便是时候重返杜罗河下游，回归日常生活了。列车还会贴心地让每位乘客自己选择是留下来继续享用美酒、肉肠和奶酪，还是回到有着柔和音乐的车厢里，伴随着轻轻摇摆的列车好好休息一下。

P18：总统号列车起居室的氛围温馨舒适，绿色和棕色的天鹅绒、木质家具和护墙板让整个装饰风格略显硬朗。

P20、P21：这趟列车不是夜行列车，因此没有私人隔间和卧铺。车厢内的空间可供乘客尽情享受美食和旅行的乐趣。

P22-P23：布艺和木质护墙板的色彩、材质、图案和谐统一，乘客可以入座休息，放松片刻。

奢华列车梦幻之旅  LA FOLIE DES TRAINS DE LUXE

22

总统号列车沿途有很多值得下车品尝的美食,列车餐车(P26-P27)里由葡萄牙顶级名厨精心料理的餐食让人垂涎欲滴。精致美味的菜品为旅途增色不少。

奢华列车梦幻之旅　LA FOLIE DES TRAINS DE LUXE

窗外杜罗河谷的美景与豪华的总统号列车相得益彰。
火车头拉着6节车厢，穿行在种满葡萄树的丘陵中，
驶向位于维苏威葡萄酒庄园的终点站，
乘客们可以在那里品尝美酒。

奢华列车梦幻之旅　LA FOLIE DES TRAINS DE LUXE

# Tren Al Ándalus
## 安达卢西亚号列车

**始发站：** 西班牙塞维利亚圣胡斯塔站
**列车结构：** 14节车厢（7节卧铺车厢、2节餐车、1节酒吧车厢、1节起居车厢、1节后厨车厢、1节设备车厢、1节乘务员车厢）
**运行时间：** 1985年投入运营（2005年暂停运营），2012年重新开始运营

## 2.

### 安达卢西亚的铁道明珠

安达卢西亚号列车全长450米，是西班牙车身最长的火车。这趟列车不求运行速度有多快，而是懒洋洋地在艳阳下舒展着身躯，蜿蜒行驶于干旱的红色山丘之间，穿过橄榄田和广阔的橡树林。就在这片橡树林里，一群群伊比利亚猪自由漫步，面对满地的橡子大快朵颐，它们的肉也因此有了无可比拟的香气。餐车里，几位幸福的乘客开始满意地享用着美餐，这片盛产火腿、橄榄油和香醇葡萄酒的土地正唤醒他们的味蕾。安达卢西亚是地中海的重要区域，文化底蕴深厚，乘客们在参观完罗马时期、阿拉伯时期和中世纪的众多古迹之后，还可以坐在起居车厢的扶手椅中，与旅伴们畅聊这趟无与伦比的旅程。

20世纪80年代初，西班牙国家铁路公司从各处收来了一些车厢，试图打造一趟从塞维利亚出发的安达卢西亚地区豪华观光专列——安达卢西亚号列车。列车的每节车厢都用安达卢西亚的城市或建筑命名。2节分别收购于法国和英国的餐车均制造于1929年，被命名为"阿尔罕布拉"（Alhambra）和"吉布拉法罗"（Gibralfaro）。起居车厢"阿尔扎哈拉"（Medina Azahara）1930年制造于毕尔巴鄂，有着典型的西班牙风格；酒吧车厢"吉拉达"（Giralda）制造于1928年，原属国际卧铺车公司。7节卧铺车厢于1929年由英国王室定制。曾参与设计东方快车的勒内·普鲁用沙贝利木的枝条和古巴桃花心木装饰车厢，刷上红色、绿色或玳瑁色的油漆，加以银色或金色的纹饰，营造出深受乘客喜爱的"疯狂年代"的氛围。这些车厢组成了一列超奢华列车，很快成为全球最奢华的火车之一。列车于1985年投入运营，但在2005年，由于运营方易贝铁路公司（Iberrail）破产，列车停运，被闲置在仓库中。

2012年，这趟列车得到翻新，并增加了2节温莎时期装饰风格的卧铺车厢，再度开启了安达卢西亚地区的探索之旅。另外，新的列车增加了数条线路：绕道马德里，穿过西班牙的几个不同地区，经停巴塞罗那、萨拉戈萨、萨拉曼卡或托莱多。安达卢西亚号列车不再只是安达卢西亚地区的铁道明珠，更是整个西班牙的珍宝。

P30：安达卢西亚号列车的包厢用的是由法国设计师勒内·普鲁设计的花纹木质护墙板。车厢原本的所有者国际卧铺车公司时常根据当下的潮流对列车进行改造。

P32、P33：安达卢西亚号列车昼夜兼程，车上设有带独立卫浴的私人包厢，供乘客睡觉和洗漱，还配有各种便利设施，堪比星级酒店。乘客们可在起居车厢内休闲娱乐，在餐车里享用餐食。

P34-P35：列车穿行在巴埃萨和格勒纳德之间，安达卢西亚地区的美景尽收眼底。

奢华列车梦幻之旅　LA FOLIE DES TRAINS DE LUXE

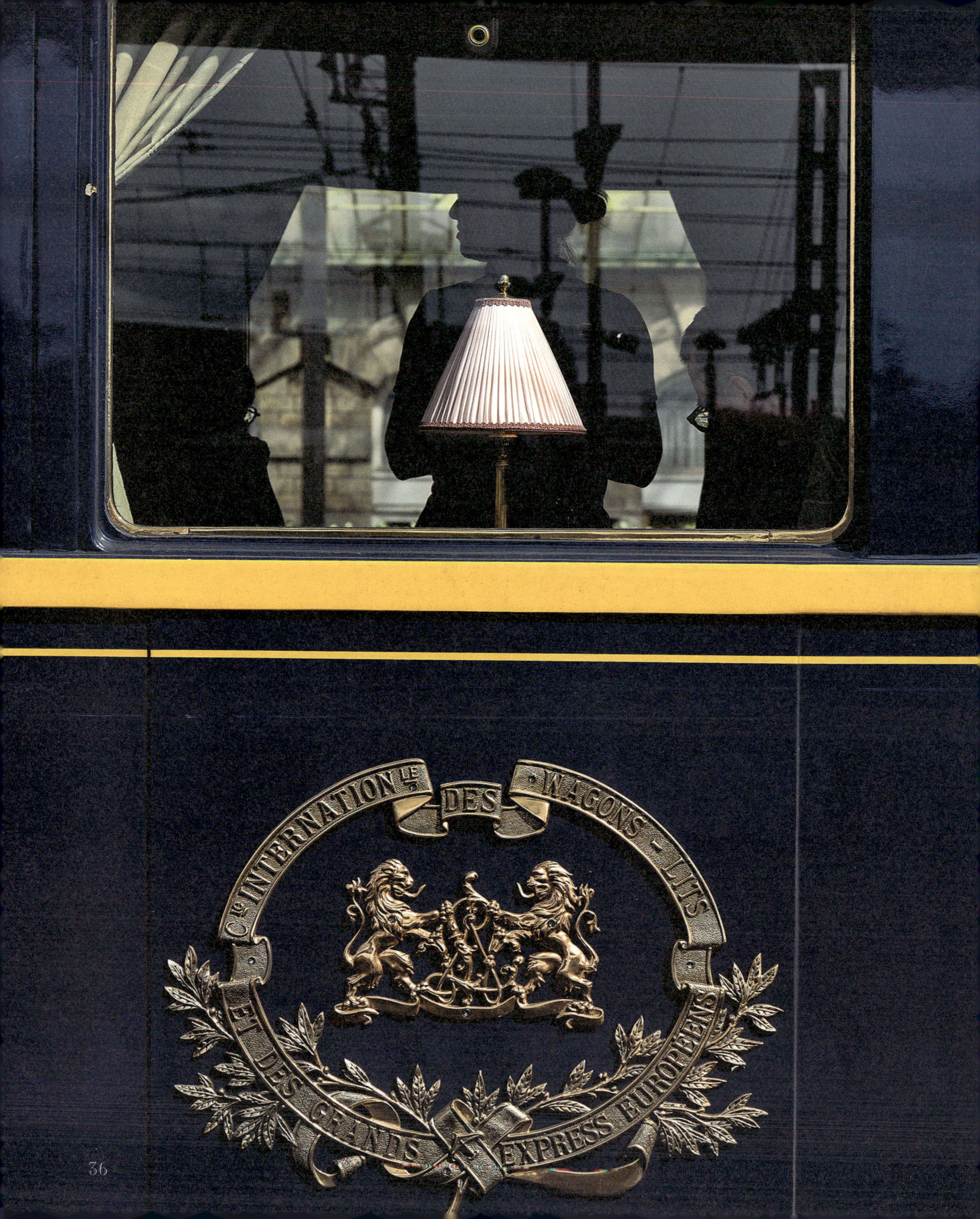
Cie INTERNATIONALE DES WAGONS - LITS
ET DES GRANDS EXPRESS EUROPÉENS

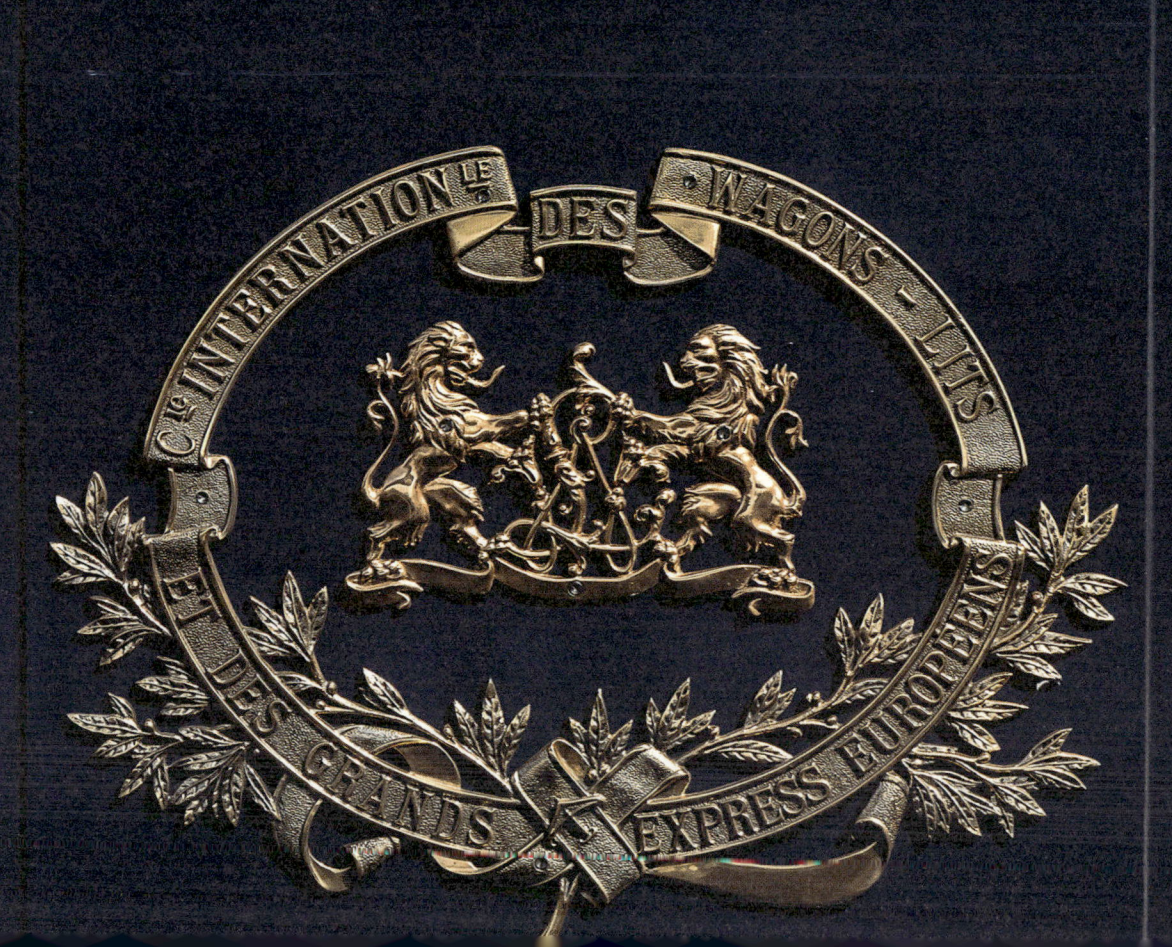

# Orient-Express
## 东方快车

**始发站：** 法国巴黎斯特拉斯堡火车站（现为巴黎东站），之后改为巴黎里昂火车站
**列车结构：** 车厢数目非固定（数节卧铺车厢、1节餐车、2节行李车厢）
**运行时间：** 1883—2009 年

# 3.

### 国王列车
### 列车之王

东方快车诞生至今已有140余年了，它曾经被普遍看作"列车中的国王"，一直以来都是奢华列车的代名词。其实，东方快车问世，得归功于一次失恋的经历。这种说法可能令人莞尔，但事实的确如此。1867年，一个比利时的富裕家庭将家中第三子——年轻的乔治·纳吉麦克——送往大西洋彼岸，让他忘却对一位表妹的爱恋。纳吉麦克坐上了斯科特号轮船，横渡大西洋，漫漫长路令他愈发思念心爱之人。10个月之后返回比利时的旅途对他来说更是漫长无比。但不得不说，距离和时间的确让爱意冷却了。在美洲新世界的广阔天地游历时，这位年轻的工程师体验了乔治·铂尔曼的卧铺车，发现卧铺车厢能让长途旅行舒适许多。纳吉麦克亲自体验到了车厢的优缺点，开始设想将其引入欧洲——当时欧洲的客运设施还比较糟糕。一回到故乡比利时，他便迫不及待地要将卧铺车项目付诸实践。

纳吉麦克继承了家业，但他把所有的空余时间都用来筹备自己的项目。1870年，他发表了《欧亚大陆铁路卧铺车运营计划书》，试图说服铁路负责人和潜在的投资者。可惜的是，这项计划没有取得预想中的成功，好在他并没有气馁，而后于1872年将他的第一节卧铺车厢加挂在一趟往返于巴黎和维也纳的列车上。这节车厢设有多个私密的隔间，侧面有一条走廊供通行。这一次的尝试相当成功。在接下来的几年间，这位具有远见卓识的企业家与欧洲的众多铁路公司签订了越来越多的协议，还获得了资金支持——合作者中就有威廉·奥尔顿·曼恩（William d'Alton Mann），他的车厢在古老的欧洲大陆得到了更加广泛的应用。1876年12月4日，乔治·纳吉麦克回购曼恩持有的股份，成立了国际卧铺车公司。有了卧铺车厢的成功经验，纳吉麦克随即推出餐车和起居车厢，公司也因此蒸蒸日上。他不再满足于加挂车厢，而是开始运营整列火车。后来，便有了从巴黎到君士坦丁堡的东方快车。

P36：午夜蓝的油漆、金色的国际卧铺车公司徽标，东方快车颇具神秘色彩的车身外观已足够引人遐想。

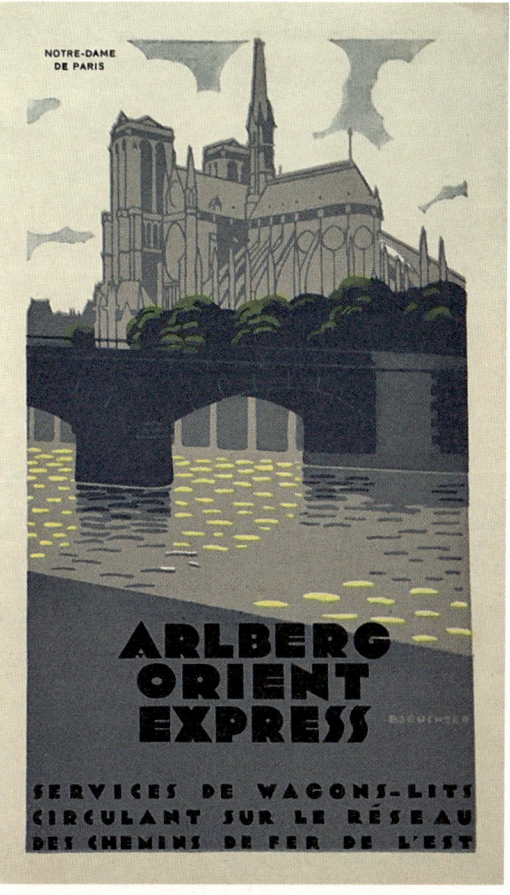

P38、P39：东方快车的海报和广告画册描绘了人们想象中的远方。列车途经的代表性城市和国家都出现在图中：伊斯坦布尔、巴黎、埃及，甚至有位于地球另一端的亚洲景点吴哥窟。亚历山德罗·贝伦达收藏。

P40-P41：随着时代的变迁，列车上的台灯由最开始的茶壶形样式变成了更多地运用直线设计。亚历山德罗·贝伦达收藏。

# COMPAGNIE INTERNATIONALE DES WAGONS-LITS ET DES Grands Express Européens

**AU DESSERT**
**TRIPLE SEC**
## COINTREAU
**ANGERS**
Liqueur
DIGESTIVE EXQUISE

## BIÈRE DU MESNIL
TÉLÉPHONE
804-69
**Paris**

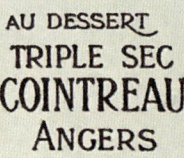

## BERTOLINI'S PALACE HOTEL
SITUATION MERVEILLEUSE
UNIQUE au MONDE
**NAPLES**

Les Véritables CYCLES
des TOURISTES
se trouvent chez
## PEUGEOT
à PARIS 38 bis Avenue
de la Cie Armée
Voiturettes "LION"

## TRAIN DE LUXE ORIENT-EXPRESS
Correspondance directe avec les bateaux du
Service Maritime Roumain pour
Constantinople-Mytilène-Smyrne-Alexandrie

**Menu**
du Déjeuner
le 1 Septembre 08

Hors d'oeuvre variés
Filet de merlan frit Sce Rémoulade
Noix de veau à la Piémontaise
Épinards au jus
Viandes froides assorties
Salade de saison
Fromages
Fruits

*Prière de ne rien payer sans note.
Rugăm a plăti numai contra Notei achitate.*

*Le vendredi repas maigre sur demande
Vinerea se gătește mâncare de post*

Liqvor Grand Marnier, le verre 1 Fr.

**MILKA & VELMA SUCHARD**
CHOCOLAT POUR CROQUER
La grande boîte ... 1.25 — La petite boîte ... 0.70

## BÉNÉDICTINE
Le Verre 1 Fr.

**TARIF DES REPAS**
Diner (vin non compris) . . . . . FRC. 6.00 = MK. 4.80
Déjeuner » . . . . . . . . . . . . . . FRC. 4.00 = MK. 3.80
Café, Thé, Cacao au Chocolat Van Houten avec lait, pain et beurre 1.50
Les enfants payant plein tarif.
N.B. Copii plătesc tariful întreg.
«Velma» et «Milka» Suchard, chocolats pour croquer:
La grande boîte . . . . . 1.25
La petite boîte . . . . . 0.70

Model

## TERRABONA
THÉ · TEA · THEE
EN VENTE ICI
FOURNISSEUR EXCLUSIF
DE LA Cie INTle DES WAGONS-LITS
ET DE LA Cie DES Gds HÔTELS

**L.T. PIVER PARIS**
PARFUM POMPEÏA

**AUTOMOBILES DELAUNAY BELLEVILLE**
St-Denis-sur-Seine
SUCCURSALES
NICE
BIARRITZ

**HOTEL GALLIA**
OUVERT EN 1901
CABINET DE TOILETTE A
TOUTES LES CHAMBRES
40 BAINS PRIVÉS
ORCHESTRE TENNIS
Dn E. SMART
**CANNES**

Juillet-Août 1908

## Grand Marnier
UNIQUE LIQUEUR GARANTIE PAR L'ÉTAT
PURE EAU-DE-VIE DE VIN DE COGNAC

1883年10月4日,东方快车正式发车。第一趟往返旅程结束后,记者们对其赞赏有加。列车车身是由涂了清漆的柚木车厢组成的,尽显雅致,侧面镌刻着描金的字母CIWL(国际卧铺车公司首字母缩写),它可以显著缩短从巴黎抵达君士坦丁堡的时间。诚然,当时乘客必须在多瑙河左岸下车,甚至旅程的最后一段得坐船,但那也无伤大雅,因为这段为期短短四天的旅途是真正的奢华享受。精致的设施更加凸显了这种奢华——卧铺车厢的私人隔间里设有床铺、办公室和盥洗室,餐车里的哥白林挂毯、摩洛哥彩革、科尔多瓦皮革和热那亚天鹅绒熠熠生辉。除了宽敞的用餐区域,餐车上还设有一间吸烟图书室和一间女士起居室。菜单由主厨精心安排,用沿途国家最好的食材让客人大饱口福。东方快车自开始运营以来,始终熠熠生辉。

1889年6月起,巴黎—君士坦丁堡列车成为直达班车,乘客仅需约67小时便可从斯特拉斯堡站直抵博斯普鲁斯车站。1891年,这趟火车被正式命名为东方快车,君主、富豪和国家元首们争相搭乘。尽管东方快车在第一次世界大战期间一度停运,但列车仍在20世纪20年代发展出多条线路:威尼斯辛普伦东方快车开往瑞士、意大利和"新南斯拉夫"(此处指斯拉夫人于1918年新组建的联合体"塞尔维亚—克罗地亚—斯洛文尼亚"),德国和奥地利不再是热门目的地。

正是在这一时期,国际卧铺车公司决定对车厢进行翻新。1922年,全钢列车投入使用。东方快车和公司旗下的所有卧铺列车都被刷上午夜蓝的油漆,饰以金色描边,这很快成为东方快车的标志性外观。1925年之后,车厢内部成为时尚室内设计师的游乐场,他们共同定义了永恒的东方快车风格。在豪华的餐车里,勒内·普鲁设计的镶嵌拼花护墙板、昆庭牌银质餐具和勒内·拉里克精心制作的水晶器皿相衬相映。而1929年起新推出的LX系列卧铺车厢更是设有多个豪华私人包间,配备了沙发床、盥洗室、可拆卸镜子,以及由保罗·尼尔森或勒内·普鲁设计的巨型桃花心木拼花护墙板。没有一个装饰是多余的,连门把手和壁灯都有一种协调的美感,让整体氛围更加和谐愉悦;包厢内部空间经过重新布局后,为乘客提供无与伦比的舒适享受。东方快车成为众多豪华快车中的标志车型和引领者,是国际卧铺车公司的招牌,在当时的欧洲大陆纵横驰骋。

P42:这份1908年的菜单显示,当天供应什锦凉菜、鳕鱼柳、小牛腿肉、菠菜、冷肉拼盘、沙拉、奶酪和水果。亚历山德罗·贝伦达收藏。

P43:上流阶层人士是东方快车的常客。上图是他们在餐车用餐的场景。

奢华列车梦幻之旅　LA FOLIE DES TRAINS DE LUXE

然而，随着第二次世界大战的爆发和铁幕政策的发布，奢华列车的黄金时代画上了句号。战后，东方快车重新投入运营，却难以再现昔日的辉煌，甚至在1948年之后连奢华列车都不算了——因为在途经东欧国家时，列车会加挂二等车厢。颓势已不可逆转，航空业的飞速发展又给了国际卧铺车公司最后的致命一击。1977年，巴黎至伊斯坦布尔的线路停摆，不过直到2009年，"东方快车"的名字才彻底从车站的显示牌上消失。在很长一段时间内，东方快车都有着超越现实的意义，它滋养了神话、诗歌、小说和电影的创作，是无数人想象力的源泉，连收藏家们也为之着迷。总而言之，东方快车已是传奇。

P44：东方快车已成为传奇，连电影布景也常常借鉴列车上的装饰细节。蔚蓝海岸铂尔曼号列车、蓝色列车等历史悠久的火车也成了许多电影的取景地。图为三个版本的《东方快车谋杀案》剧照，分别是：西德尼·吕美特（Sydney Lumet）于1974年执导的电影《东方快车谋杀案》，劳伦·白考尔（Lauren Bacall）出演；2010年的电视剧《大侦探波洛》，大卫·苏切特（David Suchet）出演；肯尼思·布拉纳（Kenneth Branagh）于2017年执导的影片《东方快车谋杀案》，黛西·雷德利（Daisy Ridley）出演，导演本人在片中饰演侦探波洛。

# Venice Simplon Orient-Express

## 威尼斯辛普伦东方快车

**始发站：** 法国滨海布洛涅火车站、
意大利威尼斯圣塔露西亚火车站
**列车结构：** 18节车厢（12节卧铺车厢、3节餐车、1节酒吧车厢、
2节乘务员和行李车厢）
**运行时间：** 1982年投入运营

## 4. 贝尔蒙德集团的旗舰奢华列车

毫无疑问，威尼斯辛普伦东方快车是奢华列车革新的代表，方方面面都配得上"疯狂"这一形容词。

1977年，依靠集装箱业务发迹的美国企业家詹姆斯·谢尔伍德做出了一个在如今看来有些疯狂的举动。那一年，谢尔伍德在蒙特卡洛参加了一场拍卖会，竞拍品是传奇列车东方快车的2节车厢。当时这列著名的火车刚刚停运不久——航空业的飞速发展使得东方快车已无力与之抗衡；加之列车途经多个社会主义阵营国家，海关手续非常烦琐，令人疲于应对。此前一年，谢尔伍德收购了威尼斯的希普利亚尼酒店（Cipriani），他透过2节车厢看到了奢华列车复兴的可能性，想用古董车厢往自己的酒店拉客。他果断抓住了眼前的机遇，将2节铂尔曼式车厢收入囊中。

从此，谢尔伍德踏上了寻宝之旅。他四处搜罗其他几节铂尔曼式古董车厢，以实现自己的构想——开通伦敦至威尼斯的奢华列车专线。这个想法十分大胆。他用5年时间进行了大量调研，与全球铁路领域的各方人士进行了众多探讨，陆续投入将近1600万美元，终于将梦想变成现实，全部的18节车厢在国际卧铺车公司的奥斯腾德工厂和汉萨集团（Hansa）的不来梅工厂修复一新。1982年5月25日，威尼斯辛普伦东方快车首次正式发车，往返于加莱和威尼斯。而在英吉利海峡的另一侧，英国铂尔曼号列车负责福克斯通港和英国首都伦敦之间的铁路交通运输。

威尼斯辛普伦东方快车由12节卧铺车厢、1节酒吧车厢、3节餐车、2节乘务员和行李车厢组成。列车的室内设计由詹姆斯·帕克工作室（James Park Associates）主理，他们需要在不改变车厢原始布置风格的基础上，让列车更符合现代标准。为了提升旅途的舒适度，每节车厢都配有公共浴室。法国设计师热拉尔·盖勒特（Gérard Gallet）负责车厢的装饰。车上的餐具、家具、艺术品几乎都按照东方快车的原样翻新或复刻，连灯具和玻璃装饰板也用东方快车时期的原始模具重新制作。艾尔古斯工坊（Ercuis）专门为列车设计了刻有VSOE（威尼斯辛普伦东方快车首字母缩写）的银器，与车厢原有的装饰氛围十分和谐。

P46：由温伯利室内设计公司（Wimberly Interiors）设计的"巴黎"包厢，让乘客拥有最奢华的旅行体验。

卧铺车厢中，有6节是由装饰大师勒内·普鲁设计的。每间包厢都体现了其标志性的风格——花朵纹路的护墙板，巧妙地将洗手池和镜子隐藏其后。值得一提的是，其中的1节车厢在重新投入使用之前，原本计划在利摩日改建成游乐设施；还有1节车厢曾于1940年罗马尼亚君主制覆灭后，搭载国王卡罗尔二世和他的情妇逃往海外。其他车厢也来头不小，"北极星"（Étoile du Nord）餐车来自曾往返于巴黎和阿姆斯特丹、经停布鲁塞尔的同名列车，车厢内装饰着阿尔伯特·杜恩设计的镶嵌拼花木板，新任主厨让·安贝尔（Jean Imbert）在这里用美食招待宾客；"蔚蓝海岸"餐车诞生于1929年，由艾特雷工厂（Aytré）制造，装饰工作则由玻璃工艺大师勒内·拉里克完成，他用玻璃制作了历史人物和葡萄串装点车厢；在第三节餐车——"东方"（L'Oriental）餐车里，摆放着红色的扶手椅，车厢用热拉尔·盖勒特设计的深色护墙板装饰。盖勒特还参与了酒吧车厢的设计，该车厢整体采用蓝色调，舒适的长沙发纵向摆放，乘客在等待晚餐开席时可以坐在上面一边闲聊，一边伴着爵士乐品尝香槟。在威尼斯辛普伦东方快车上，东方快车的旧日传奇得以重现。

自1982年投入运营以来，威尼斯辛普伦东方快车一直是一列"疯狂"的列车，满载着渴望感受豪华快车不朽魅力的旅客，众多新婚爱侣也迫不及待地想要登上这趟"爱情列车"。列车对运行线路进行了调整，除了停靠威尼斯，还可抵达苏黎世、因斯布鲁克和维罗纳。列车每年会开通数趟前往伊斯坦布尔的班次，驶过黑海沿岸，途经维也纳、布达佩斯、布加勒斯特和瓦尔纳。

P48、P49：在威尼斯辛普伦东方快车的餐车入座，可以欣赏到阿尔卑斯山脉瑞士段的风景。火车翻过阿尔卑斯山后，驶入波河平原。

P50-P51：气派的酒吧车厢由热拉尔·盖勒特设计，车厢内纵向摆放着数具长沙发，方便乘客交谈。

P52、P53：进入由温伯利室内设计公司设计的"伊斯坦布尔"包厢，乘客可以看见镶嵌拼花的木质护墙板，触摸豪华的纺织品（P52）。包厢的室内装饰为乘客营造舒适的休息环境（P53）。

P54-P55、P56:"巴黎"包厢全景,盥洗室由温伯利室内设计公司设计。

P57:"伊斯坦布尔"包厢中的穆拉诺玻璃洗手池产自列车途经的重要城市——威尼斯。勒内·普鲁为蓝色列车设计的同款镶嵌拼花护墙板为整个包厢的装饰风格奠定了基调。图为白天时的包厢。

奢华列车梦幻之旅　LA FOLIE DES TRAINS DE LUXE

# Rheingold
## 莱茵黄金号列车

**始发站**：荷兰角港火车站、瑞士巴塞尔 CFF 火车站
**列车结构**：车厢数目非固定，通常由 5 节车厢（4 节起居餐车、1 节行李车厢）构成
**运行时间**：1928—1987 年

## 5.

### 国际卧铺车公司的竞争对手

1920 年，德国铁路系统统一了轨道标准。1924 年，全国铁路都划归唯一的国营铁路集团——德意志帝国铁路公司（DRS）——进行管理。该公司的运营十分成功，很快成为德国崛起的标志之一，让德国在经历了《凡尔赛条约》的打击后重整旗鼓。在德意志帝国铁路公司的推动下，德国建成了西欧覆盖面积最广的铁路网。德国率先进行铁路电气化改造，并为乘客们打造了一趟奢华列车，命名为莱茵黄金号。

莱茵黄金号列车由德意志帝国铁路公司下属的米托帕铁路公司运营，最初是为了吸引英国游客前往中欧地区旅游，而那时英国人的主要度假目的地是法国蔚蓝海岸。港口城市荷兰角港与英国哈里奇之间有直达客轮，因此成为理想的列车始发站。德意志帝国铁路公司与瑞士、荷兰的铁路公司达成协议，开通了联结荷兰角港和巴塞尔、途经莱茵河谷的火车线路。1927 年，德意志帝国铁路公司订购了 30 余节铂尔曼式起居车厢，并参照国际卧铺车公司的风格进行了改装。改装完成后，车厢被刷上了蓝紫色和奶油色的外漆，饰以金色勾边。为了让英国乘客有宾至如归的感觉，车厢内部采用镶嵌拼花的护墙板装饰，配上厚重的地毯和单人扶手椅。车上厨师团队精心制作的美食简直无可挑剔。1928 年 5 月 15 日，莱茵黄金号列车首次启程，很快引起了上流社会的兴趣——仅需短短 12 个小时，乘客便可抵达位于瑞士阿尔卑斯山的高级度假村。

不幸的是，最初几年的高速发展期过后，莱茵黄金号列车很快风光不再。20 世纪 30 年代初，德国社会动荡，让很多人无心出游。之后，国际纷争席卷欧洲，更是无人再敢出门度假。第二次世界大战结束后，莱茵黄金号成了只存在于传说里的火车，那些豪华的车厢一部分在炮火中灰飞烟灭，一部分被倒卖。1951 年，由标准化车厢组成的莱茵黄金号列车重新投入运营；直到 1965 年，莱茵黄金号才迎来了重现往日辉煌的曙光。新的列车加入欧洲快车编队，试图与飞速发展的航空业一较高下。它恢复了黄金年代的外观，车厢外部被重新刷上蓝色和奶油色的油漆，车顶用银色线条装饰。现代化的列车让旅行体验更加舒适，新增加的全景式圆顶车厢能让乘客饱览莱茵河谷的壮丽美景。可惜的是，这段东山再起的日子并没有持续太久。20 世纪 70 年代，莱茵黄金号的光环逐渐淡去，泯然于欧洲众多火车，不再往返于巴塞尔和荷兰角港，最终于 1987 年彻底消失于世。

P58：莱茵黄金号列车途经荷兰、德国和瑞士。一等座的乘客可在列车餐车内享用美食。

P60-P61：乘客在餐车里就座，亲友们在站台上挥手送别。

P62、P63：莱茵黄金号列车的铂尔曼式车厢完全采用欧洲传统奢华列车的风格，配备了舒适的扶手椅、厚重的地毯和精美的镶嵌拼花护墙板。

# Golden Eagle
# Danube Express

## 金鹰号
## 多瑙河快车

**始发站：** 匈牙利布达佩斯西站
**列车结构：** 7—13节车厢
（数节卧铺车厢、2节餐车、1节酒吧车厢、1节起居车厢、2节乘务员车厢）
**运行时间：** 2008年投入运营

## 6.

### 中欧观光列车

列车沿着多瑙河缓缓行驶，途经中欧地区多个重要城市，顺着蜿蜒的轨道翻过阿尔卑斯白雪皑皑的山脉，融入达尔马提亚海岸和威尼斯的美丽景色中……金鹰号多瑙河快车能让乘客获得丰富的旅行体验。这列奢华列车刷着奶油色和蓝色的外漆，用金色描边装饰，外形让人不禁想到经典的东方快车。也许，金鹰号多瑙河列车就是在用这种方式，向有着"火车之王"之称的东方快车致敬。从开通运营直至2016年，列车的终点站一直设在遥远的伊朗。这趟奢华列车不只是为了怀旧，更以沿途安排的参观游览和精致的餐食著称。如此周到细致，很难不受乘客欢迎。

这趟神秘豪华观光列车的创始人名叫霍华德·特林德尔（Howard Trinder），是一名英国商人，早年通过铁路旅游产业积累了大量财富。2006年，他决定与匈牙利国家铁路公司合作，打造一趟中欧地区的奢华列车。列车以波澜壮阔的多瑙河为主线，从德国到土耳其，始自黑森林地区的源头，最终流入黑海，途经二十余座城市。这趟奢华列车便是多瑙河快车，

它是自1982年威尼斯辛普伦东方快车开通以来的首趟欧洲奢华列车。为了让列车焕发出新的生命力，霍华德·特林德尔把从"匈牙利皇家快车"（Royal Hungarian Express）和匈牙利邮政列车收购的车厢按照星级酒店的标准进行了彻头彻尾的翻新改造，改造后的车厢私人浴室、宽敞的衣柜、空调一应俱全。根据行车线路的不同，列车的车厢数目从7节到13节不等，但都包括1节起居车厢和2节餐车。每节车厢都用与多瑙河相关的地区、国家、城市和人物命名，在车厢两侧用金色字体标出，比如"文多波那"（Vindobona）、"伊斯特罗波利坦"（Istropolitan）、"巴伐利亚"和"布达佩斯"。列车自2008年9月投入运营以来，便不出意外地大获成功。

2015年5月，金鹰号奢华列车公司接手多瑙河快车的相关业务，将其更名为"金鹰号多瑙河快车"。列车公司高度重视更名后的首发列车，便请来伊丽莎白女王二世的堂弟——迈克尔·肯特（Michael de Kent）王子殿下驾驶火车。列车的车厢也得到扩充，新增加了4节"遗产"号卧铺车厢和1节酒吧车厢。新的酒吧车厢24小时营业，配有舒适的长沙发，乘客们能随时来此伴着音乐品尝香槟。直到最后一位宾客离去，酒吧才会宣告打烊。

P64：金鹰号多瑙河快车餐车所供应的酒水全部由公司总裁精心挑选。

P66-P67：乘客需穿过有着木质护墙板的长走廊，进入豪华包厢。

P68、P69：在金鹰号多瑙河快车上，无论是豪华包厢（上）还是普通包厢（下），都可在"日间"和"夜间"模式之间进行切换，每个包厢均配有独立卫浴。

P70、P71：金鹰号多瑙河快车的火车头由匈牙利制造，可拉动7—13节车厢。在2节餐车里，乘客们可享受到无可挑剔的服务。

P72-P73：列车途经意大利、瑞士、匈牙利和希腊，载着乘客领略欧洲最美的风景。

# The Royal Scotsman

## 苏格兰皇家列车

**始发站**：苏格兰爱丁堡威瓦利火车站
**列车结构**：10节车厢（5节卧铺车厢、2节餐车、1节观景车厢、1节水疗车厢、1节乘务员车厢）
**运行时间**：1985年投入运营

# 7.

## 高原上的宫殿

"苏格兰皇家列车"（Royal Scotsman）是很多人心目中最豪华的火车，也是所有铁路爱好者必打卡的列车。

从爱丁堡火车站登上苏格兰皇家列车的那一刻起，旅程就已拉开序幕。列车的运行速度不快，车内环境舒适，它的终点既不是地中海沿岸，也不是瑞士阿尔卑斯山脉白雪皑皑的滑雪度假村。但无论如何，这趟旅程一定会让乘客觉得不虚此行。人们不必匆忙赶路，甚至在途中离开火车也没问题——火车靠站时，36名乘客可自由选择是留在这座铁道宫殿里尽情享乐，还是走上站台外出游览！站在车厢的观景台或者透过全景大玻璃窗，可以看到窗外的风景不断变换，郁郁葱葱的森林和深不见底的神秘湖泊交替登场。主厨准备了精致的苏格兰美食套餐，乘客们可以边欣赏由乐队演奏的苏格兰风笛，边品尝当地最著名的蒸馏厂出产的威士忌。列车极尽奢华，每晚都靠站停驶，以保障贵宾们的睡眠质量。

1985年，大苏格兰西部铁路公司开通了苏格兰皇家列车，让乘客们免受当地可怕的蚊虫侵扰，开启苏格兰高地的发现之旅。当时，火车租用了数节马克I型卧铺车厢和3节起居用餐车厢，租期为5年。由于经营大获成功，1990年公司决定不再续租，而是直接购买了10节铂尔曼式车厢，以打造一辆符合20世纪初审美的列车。车厢翻新的工作交给了詹姆斯·帕克工作室。车厢的外壳从木质换成更坚硬的不锈钢，以抵御万一发生的撞击，内部的木饰也全部重新制作。为了提升舒适度，列车配备了电取暖器，取代原有的蒸汽锅炉；每个包厢还增加了独立卫浴。车厢的装饰主要采用苏格兰传统风格，用苏格兰格子元素和列车标志徽章装点家居和墙壁，营造出朴素而优雅的环境，深受当时精英阶层的喜爱。蜕变后的苏格兰皇家列车奠定了毋庸置疑的铁道霸主地位。

2007年，东方快车酒店集团收购了苏格兰皇家列车，2014年起列车由东方快车酒店集团下属的贝尔蒙德集团管理。此后，列车增加了1节水疗车厢，当代奢华列车的标准又提高了一个档次。尽管列车仍秉持着遵循传统的原则，实际上，如今的奢华列车已与20世纪20年代大不相同。

P74：列车尾部的观景车厢环境优雅，乘客可以在这里尽情欣赏苏格兰的美景。

P76-P77：苏格兰皇家列车与苏格兰高地的风光相映成趣。

P78、P79：起居车厢宛如乡村小屋。穿过车厢，乘客可抵达露天观景台，感受无遮挡的美景。车厢的装饰既优雅又沉稳，与沿途自然风光的色调协调统一。在特定时间段，乘客可以用印有苏格兰皇家列车标记的茶杯品尝下午茶。

奢华列车梦幻之旅　LA FOLIE DES TRAINS DE LUXE

P80、P81：欣赏完露天观景台的景色后，乘客可在餐车内落座。车厢内的餐桌纵向摆放，营造出更加亲切的氛围。图书室设在其中1节餐车中，是用餐、茶歇或读报的理想场所。

P82-P83：苏格兰皇家列车的包厢内饰简单优雅，桃花心木的护墙板、舒适的床上用品、苏格兰格子花纹的抱枕造就了独特的魅力。
P84-P85：列车上可以看到正在吃草的羊群。

# British Royal Train

## 英国王室专列

**始发站：** 英国伦敦尤斯顿火车站
**列车结构：** 9节车厢（1节女王车厢、1节爱丁堡公爵车厢、2节加勒王子车厢、1节餐车、4节工作人员车厢）
**运行时间：** 首辆皇家列车于1842年投入运行
（目前正在服役的列车于1977年投入运行）

# 8.

## 英国的王室专列

第一辆"英国王室专列"（British Royal Train）于1842年问世，是1节专为阿德莱德皇后定制的车厢。该车厢由伦敦与伯明翰铁路公司制造，当时更像是在铁轨上行驶的木质马车，无论从外表、舒适性和安全性的角度来看，都与现行标准相去甚远。世界各国都有专为王室家族成员定制的火车，不过最早的王室专列还是诞生在英国。当时的英国铁路系统由多个私营企业经营，每家企业分别管理不同地区的铁路运营，都负责为相应地区的领主定制专列。因此，英国的王室专列不止一辆，而是分散在全国各地。

1866年，维多利亚女王在苏格兰的巴勒特小镇修建了一座火车站，距离她的巴尔默勒尔城堡不远。1869年，维多利亚女王频繁搭乘火车在国内出行，下令伦敦与西北铁路公司在沃尔弗顿工厂为其制造2节起居车厢。车厢的内饰十分奢华，采用大量蓝色天鹅绒和木材装饰，外壳则绘有金色树叶的图案。女王有前往全国各地面见臣民的习惯，因此希望能以最盛大的排场出行。尽管之后又有多节王室车厢问世，但直到1897年，才出现了真正意义上的王室专列。那一年恰逢维多利亚女王的钻石禧年，伦敦与西南铁路公司献上了一列有6节车厢的电力照明列车，车厢极尽奢华，设有洗手间——然而，女王拒绝在车上如厕，她更愿意在有需求时让列车停靠在最近的站点。两年后，伦敦布莱顿与南岸铁路公司的工厂为专列制造了5节新车厢。女王在信中指示，车厢的内部装饰要既温馨又有艺术感。为此，工厂使用桉树木材、桃花心木与胡桃木制作护墙板，用优雅的镶嵌拼花装饰；家具用摩洛哥彩革包裹，天花板上贴着彩色的墙纸。1901年，女王搭乘这列火车完成了人生最后一次出行。

1902年，维多利亚女王之子——国王爱德华七世令伦敦与西北铁路公司制造了2节新车厢，其中1节为其专属，另1节供亚历山德拉王后使用。2节车厢均配备了通风系统和电子取暖设备，国王夫妇每人拥有一间卧室、一间起居室和一间更衣室。国王还有一个单独的吸烟室，是一个用桃花心木、胡桃木和红木装饰的舒适的小空间，甚至设有电子点烟

P86：这幅水彩画由芭芭拉·琼斯（Barbara Jones）于1980年绘制，展示了维多利亚女王的列车起居室内景。列车制造于19世纪60年代。

P88-P89：英国王室专列的历史与英国铁路一样长。维多利亚女王青睐火车出行，认为火车比马车更舒适快捷。

器。为了不影响王室成员的睡眠,列车每到夜幕降临便会停驶,直到君主起床才会重新启动。1915年,国王乔治五世对列车进行了改造,增加了一个私人浴缸,这也是火车上首次出现浴缸。从这一时期开始,王室专列的存在成为国家机密,君主们将其视为自己在铁轨上的住所。第二次世界大战期间,乔治五世的儿子乔治六世和配偶伊丽莎白搭乘王室专列前往遭到德军轰炸的地区视察,他们的到来和关怀让身处乱世的民众士气大振。当时的车厢配备了装甲车顶,以避免王室成员因空袭受伤。如今,王室专列的存在不再是机密,但王室成员每次出行都十分低调,就连乘务人员在列车出发前也对乘客的真实身份一无所知。

P90、P91:英国王室专列历经几代君主。车上有爱德华七世时期增设的起居室(P91)和吸烟室,乔治五世、乔治六世也曾使用过这间吸烟室。浴缸修建于1915年乔治五世时期,卧室是由乔治五世的妻子玛丽皇后布置的。

P92-P93:爱德华七世时期重新整修过的起居车厢。维多利亚女王时期的王室专列时速从未超过40英里(约64千米),1901年爱德华七世即位后,却希望车速越快越好。

1948年,英国铁路开启国有化进程,而后众多王室专列仍继续运行将近30年。到1977年,多数王室专列已经退役。那一年,伊丽莎白女王二世迎来白银禧年,她需要前往全国各地参加各式庆典活动,唯一的英国王室专列应运而生。应女王的要求,建筑师休·卡森(Hugh Casson)爵士在英国铁路公司设计师的协助下负责王室专列的内部设计。与之前的几任君主不同,伊丽莎白女王二世更注重新车的实用性,简约而实用的内饰取代了繁复的布艺和装饰品。然而,维多利亚时期的排场已成为历史,近年来的王室专列引发了不少批评,人们认为这是一笔不必要的开支。王室并没有对此做出回应,王室专列好景仍在。

P94-P95:这间包厢为伊丽莎白女王二世的母亲专用,采用非常女性化的装饰,女王在即位初期也曾入住该包厢。

# British Pullman

## 英国铂尔曼号列车

**始发站：** 英国伦敦维多利亚火车站
**列车结构：** 11节车厢（6节起居车厢、5节餐车）
**运行时间：** 1982年投入运营

## 9.

### 奢华列车黄金时代的见证

英国铂尔曼号列车是行驶中的杰作。登上列车，乘客将开启一趟奢华的铁道巡礼。

1972年9月30日，往返于巴黎和加莱的传奇列车"金箭"（Golden Arrow）完成了它的最后一趟旅程。此前，伦敦的有钱人可以搭乘这趟列车前往法国巴黎，尽管在抵达多佛尔后需要换乘一小段轮渡，但旅程总耗时仍然创下了当时的最短纪录，且舒适性极高。1982年，贝尔蒙德集团创始人詹姆斯·谢尔伍德决定效仿"金箭"，开通一条往返于伦敦和福克斯通港的奢华列车线路，与他在欧洲大陆创立的威尼斯辛普伦东方快车的线路相连，打通伦敦至威尼斯的铁路运输通道。英国铂尔曼号列车由此诞生。

英国铂尔曼号列车是一列复古风格的奢华列车，乘客一上车就能感受到尊贵的体验。列车的11节车厢采用的是20世纪20年代奢华列车的典型装饰风格。在这种风格的指引下，列车的装饰采用一些知名的英国艺术家的作品，比如镶嵌艺术家阿尔伯特·杜恩，他的代表作是泰坦尼克号和卢西塔尼亚号两艘沉船上的装饰。他的后代鲍勃·杜恩（Bob Dunn）也参与了英国铂尔曼号列车的车厢翻新工作。

男女乘务人员身着笔挺的制服，引导乘客登车。乘客们都穿着优雅的正装，营造出一种特别的氛围。

英国铂尔曼号列车的车厢也很适合用"特别"一词来形容。每节车厢的来头都不小，车厢的名字镌刻在两侧，旁边悬挂着显示其服役记录的牌子。以"维拉"（Vera）车厢为例，1940年德军的轰炸波及维多利亚火车站，致使当时停放在站内的"美丽布莱顿号列车"（Brighton Belle）受损严重。修复后的车厢搭载过多位王室家族成员，之后被废弃在一个花园里。1985年，这节车厢被重新收购，1990年成了英国铂尔曼号列车的一部分。"珀尔修斯"（Perseus）车厢原属的列车曾于1965年载过温斯顿·丘吉尔的灵柩。"凤凰"（Phoenix）车厢曾在1936年的一场火灾中被毁，1952年它浴火重生，成为女王母亲的常用车厢，并曾搭载包括戴高乐将军在内的多位外国政要。"天鹅"（Cygnus）车厢1979年首次登上电影银幕，是迈克尔·艾普特（Michael Apted）所执导的阿加莎侦探电影取景地，车厢近期进行了一系列改装，将会继续以更好的状态服役。

P96：英国铂尔曼号列车上舒适的印花天鹅绒扶手椅，采用了典型的20世纪初奢华列车的风格。

P98-P99：奶油色的英国铂尔曼号列车向着英吉利海峡和福克斯通港的方向全速前进。

P100:"鹮"(Ibis)车厢(上)的内景。它于1925年问世,是车上历史最悠久的车厢。

"天鹅"车厢(中)的内部装饰由电影导演韦斯·安德森设计。

"密涅瓦"(Minerva)起居车厢(下)制造于1927年,车厢的镶嵌拼花护墙板采用了爱德华时代的风格。

P101:"格温"(Gwen)餐车里的镶嵌拼花护墙板,这节车厢曾属于传奇列车"美丽布莱顿号"。

P102：英国铂尔曼号列车浴室里标志性的椭圆形彩色玻璃窗，它为这个设施豪华的空间提供良好的采光。地板上的马赛克图案堪称杰作。

P103："露西尔"（Lucille）车厢浴室的马赛克拼绘了一名妇女和一头猎豹的图案。

P104:"凤凰"起居车厢内部的木艺装饰全部由菲利普·阿勒芒工作室设计。

P105:"维拉"车厢内(上),桃花心木和檀香木的护墙板上镶嵌着跳跃的羚羊图案;"凤凰"车厢(中)里饰有凤凰纹路的护墙板;"泽娜"(Zena)车厢(下)的护墙板也采用了独特的图案。

P106-P107:最尊贵的乘客可在"密涅瓦"车厢舒适的包间里用餐。

"天鹅"车厢进行翻新时,美国导演韦斯·安德森(Wes Anderson)毛遂自荐,参与设计车厢的内部装饰。他本人是一名狂热的火车爱好者,他于2007年拍摄的影片《穿越大吉岭》就体现了这一点。该电影讲述了发生在一辆开往印度的卧铺列车上的故事,既描绘了火车之旅,又彰显了兄弟情谊。安德森在不破坏车厢历史文物的前提下,为列车设计了镶嵌拼花护墙板和家具,尽情展露他对色彩搭配和对称布景的热爱。为了更好地实现他的构想,贝尔蒙德集团特地请来位于奥弗涅伊苏瓦尔德的高级细木器制造商菲利普·阿勒芒工作室,负责制作由安德森设计的华丽护墙板。该工作室曾为威尼斯辛普伦东方快车和英国铂尔曼号列车的多节车厢制作镶嵌拼花护墙板和家具。护墙板上面镶嵌着落日和云朵的图案,让人不禁想到戏剧舞台的布景。车厢天花板上,银箔装饰出波光粼粼的水面,搭配上各种姿态的天鹅剪影,构成了车厢内的重要装饰元素。窗帘和布艺的色彩纹路如同万花筒,赋予列车新颖独特的风格。

英国铂尔曼号列车是为联结伦敦和福克斯通港而开通的,如今这趟列车早已超越了其最初的使命。列车几乎每天都开往巴斯、剑桥和牛津,并经常举办各种特色活动,如以"神秘谋杀案午餐"为主题的沉浸式推理剧本杀。英国铂尔曼号列车既见证了奢华列车辉煌的过去,也是毋庸置疑的新时代奢华列车的领军者。

P108:"天鹅"车厢内精致的天鹅造型香槟桶,车厢的装饰也以天鹅为主题。

P109: 高级细木器艺术家菲利普·阿勒芒(上)为"天鹅"车厢的一块护墙板上漆。电影人韦斯·安德森(下)在自己设计的车厢里。

P110、P111: 起居车厢内的扶手椅用韦斯·安德森设计的万花筒图案天鹅绒包裹。他还设计了华丽的落日图案护墙板。

奢华列车梦幻之旅　LA FOLIE DES TRAINS DE LUXE

# Grand Hibernian

## 爱尔兰
## 希伯尼安列车

**始发站**：爱尔兰都柏林休斯顿火车站
**列车结构**：10节车厢（5节卧铺车厢、2节餐车、1节观景车厢、2节乘务员车厢）
**运行时间**：2016—2021年

# 10.

### 爱尔兰唯一的奢华列车

爱尔兰，一个传说有着魔法、吟游诗人与巨人的国度，遍布绿色起伏的山丘、陡峭崎岖的悬崖，汹涌的海浪不停地拍打着长长的海岸线。这是一片充满热情与欢乐的土地，也是很多人向往的旅行目的地，人们在这里遇见美好，结下友谊。

2016年，贝尔蒙德集团推出了集团旗下的第7辆奢华列车——"爱尔兰希伯尼安列车"（Grand Hibernian）。该列火车的设计理念与苏格兰皇家列车相似，路上不赶时间，沿途安排参观爱尔兰最具代表性的景点，如布拉尼城堡和康尼玛拉国家公园。列车配有5节卧铺车厢、2节餐车、1节观景车厢，每趟可搭载40名乘客。爱尔兰希伯尼安列车的运营方式也与它的近亲苏格兰皇家列车类似，二者都是铁轨上的宫殿，每晚都靠站停车以保证旅客的睡眠。对于那些因火车撞击铁轨的声音而难以入睡的人来说，这样的安排十分贴心。

2015年，贝尔蒙德集团从爱尔兰铁路公司购买了10节马克3S型车厢，并将它们运送到位于苏格兰基尔马诺克的布罗迪公司（Brodie）车间。在那里，工人们对车厢进行了初步的机械化改装。车厢两侧被刷成午夜蓝，车顶刷上银色油漆，并按照伦敦集团总部的要求，印上凯尔特结的图案，打造列车的视觉身份和标志。改装完成后，车厢被运回爱尔兰贝尔法斯特，由专注于酒店和豪华游轮室内装饰的米凡·玛琳娜工作室（Mivan Marine Ltd.）接手内部装饰工作。在40名工人的辛勤劳动下，车厢焕然一新。车厢内部的设计方案由贝尔蒙德集团的长期合作伙伴詹姆斯·帕克建筑工作室提供，双方曾合作设计了安第斯探索号列车和威尼斯辛普伦东方快车，这些都是奢华列车中的精品杰作。

乘客一登上列车，便能立刻联想到都柏林当地典型的乔治亚式建筑。每节车厢都用爱尔兰的郡县命名，车厢的装饰也自然而然地融入了对应郡县的特点。"唐郡"（Down）车厢里装饰着唐郡特色的橘棕格子花纹；"凯利"（Kelly）车厢以紫色和蓝色调的装饰为主；"利特里姆"（Leitrim）车厢的主色调为红色；"弗马纳"（Fermanagh）车厢则采用银色和金色为主色调。观景车厢"基尔代尔"（Kildare）的吧台

P112：爱尔兰希伯尼安列车行驶在有着"翡翠岛"之称的爱尔兰，途经多个城市。

用都柏林的石材雕刻而成，摆放着花呢沙发，兼具酒吧和乡村小屋的特色，为乘客供应健力氏黑啤和无年份威士忌。2节餐车"韦克斯福德"（Wexford）和"斯莱戈"（Sligo）的氛围截然不同。"斯莱戈"餐车的装饰受乔治亚风格的影响，整体采用蓝色和灰色的主色调，营造出优雅的氛围；"韦克斯福德"餐车则更加随意，格子花纹的窗帘和家居让整体氛围温暖热情。每名乘客的包厢内都配有柔软的爱尔兰鹅绒被、温暖的阿尔斯特羊毛毯，装饰着晶莹剔透的戈尔韦水晶。宽大的车窗前摆放着从爱尔兰当地采摘的花束，散发出阵阵幽香。包厢的墙壁、门框和窗帘都用凯尔特结图案和传统的民间纹样巧妙装饰，这列爱尔兰铁道的领跑者始终不忘弘扬当地的文化遗产。

爱尔兰希伯尼安列车是爱尔兰铁路上的首列奢华列车，于2016年8月投入运营，却因新冠疫情冲击全球旅游业，于2021年2月停止运营。根据最新消息，该列车的豪华车厢将会全部进行改装，作为一列全新的列车在另一个欧洲国家再次启程。

P114、P115：观景车厢"基尔代尔"设有舒适的小沙发，沿车厢纵向摆放，让乘客获得更好的观景体验。

P116-P117：列车途经众多城堡，为旅程锦上添花。

P118、P119：列车的卧铺车厢环境优雅，格子布家居的颜色对应着爱尔兰的不同郡县。

奢华列车梦幻之旅　LA FOLIE DES TRAINS DE LUXE

P120、P121:"韦克斯福德"餐车的家具用格子布包裹,银质餐具上镌刻着列车的标志。餐桌沿列车纵向摆放,营造温馨的氛围。

P122-P123:观景车厢"基尔代尔"营造了一个温暖舒适的环境。

奢华列车梦幻之旅　LA FOLIE DES TRAINS DE LUXE

# Train Bleu
## 蓝色列车

**始发站：** 法国加莱海港火车站
**列车结构：** 车厢数目非固定（数节卧铺车厢、1节餐车、2节行李车厢、1950年增设1节起居车厢）
**运行时间：** 1889—2007年

## 11.

### 铁道上的贵族

欧内斯特·海明威、温斯顿·丘吉尔、摩纳哥格蕾丝王妃、维多利亚女王、谢尔盖·拉赫马尼诺夫、可可·香奈儿、萨卡·圭特瑞、加里·库珀、查尔斯·德内……20世纪众多名流都曾登上这列由国际卧铺车公司推出的蓝色列车。

1886年，"加莱地中海快车"（Calais-Méditerranée-Express）诞生。伦敦的旅客可以搭乘这趟卧铺火车前往地中海和意大利文蒂米利亚，途经法国首都巴黎。这列火车的铂尔曼式卧铺车厢和餐车由刷着清漆的柚木制成，材质较软，不抗撞击。加莱地中海快车深受那些希望尽快抵达地中海沿岸地区的富有乘客的欢迎，但直到1922年列车更新换代之后，才真正名声大噪，从此便有了著名的蓝色列车。

第一次世界大战结束后，国际卧铺车公司希望提升加莱地中海快车的舒适性与安全性，因此向英国制造商利兹锻造公司（Leeds Forge Company）订购了一批S2型金属车厢。这些包厢用整块的桃花心木和做旧皮革装饰，里面的桌子和阅读灯既实用又美观，外观也做出了改变。国际卧铺车公司总裁安德烈·诺贝尔梅耶（André Noblemaire）决定按照登山服的样式，将列车刷成午夜蓝，并用金色线条装饰。

1922年12月9日，更新换代后的列车首次启程，近150名贵宾受邀登上列车。当时人们已将其称作"蓝色列车"，但直到1949年，法国国营铁路公司（SNCF）才正式将"蓝色列车"作为此趟列车的官方名称。列车在社会名流中大获成功，他们渐渐习惯搭乘这列舒适的火车前往蔚蓝海岸。1925年，蓝色列车增设了新的餐车，车厢墙壁用银箔花瓣的花束图案装饰，尽显奢华。该车厢的内部装饰由勒内·普鲁操刀，他因参与过数艘著名跨大西洋邮轮的装饰设计而享有盛名。普鲁与玻璃大师勒内·拉里克合作，让蓝色列车在艺术装饰领域拔得头筹。1929年，两人再度合作，为铂尔曼式餐车"蔚蓝海岸"设计内饰。勒内·普鲁负责上漆和制作镶嵌拼花护墙板，勒内·拉里克设计了以历史人物和葡萄串为主题的玻璃装饰板，他的女儿苏珊娜·拉里克绘制了地毯的图案，还为带有可移动扶手的豪华座椅设计软包。如此优雅的环境能让乘客忘记自己正处在飞驰的列车上，在火车头的牵引下以110千

P124：这幅植物图案的镶嵌木版画由勒内·普鲁于1922年创作，是装饰艺术的代表作。亚历山德罗·贝伦达收藏。

米的时速向尼斯驶去（这趟列车总共用过7个火车头）。列车一开始仅在每年的11月到次年5月之间发车，在大获成功后，为了满足乘客们的需求，列车从1929年开始全年运营。

第二次世界大战期间，蓝色列车一度停摆，后于1949年重新投入运营。20世纪60年代，蓝色列车面向大众阶层开放，之后由于法国国营铁路公司推出了高速火车，蓝色列车开始逐步淡出历史舞台。尽管蓝色列车的辉煌已是过去式，但它在铁路史上的地位始终是无法撼动的，很少有火车能拥有像蓝色列车这样的影响力：巴黎里昂火车站内有家著名的蓝色列车餐厅；达律丝·米约（Darius Milhaud）以它为灵感创作了芭蕾舞曲；可可·香奈儿设计了蓝色列车主题时装；巴勃罗·毕加索也为列车绘制了油画；蓝色列车还成为著名的波洛大侦探的探案现场之一。蓝色列车的魅力是独一无二的。

P126、P127：无论是在1958年的戛纳火车站月台上，还是在列车酒吧里，蓝色列车的乘客都能享受到一流的服务。

P128：这组广告由国际卧铺车公司拍摄，旨在宣传蓝色列车及车上的酒吧。

P129：车厢氛围的营造很大程度上要归功于苏珊娜·拉里克·哈维兰设计的护墙板，上面镶嵌着银箔制成的植物枝干。玻璃花朵由勒内·拉里克于1928年制作。亚历山德罗·贝伦达收藏。

130

P130：照片摄于1928年蓝色列车的9号卧铺车厢，两个包厢由一扇门连通。雕刻的漆器和房间的布置出自勒内·普鲁之手。亚历山德罗·贝伦达收藏。

P131：一间带卫生间的包厢，照片摄于1928年蓝色列车的9号卧铺车厢。包厢门和护墙板用芬兰桦木制成。银白色的装饰和房间的布置由勒内·普鲁设计。亚历山德罗·贝伦达收藏。

奢华列车梦幻之旅　LA FOLIE DES TRAINS DE LUXE

P132、P133：在奢华列车上，漆木和镶嵌拼花制成的护墙板是最重要的装饰元素。它们富有质感和温度，质地坚硬。英式雕刻漆木板（P132）和植物图案的镶嵌装饰板（P133）均出自勒内·普鲁之手。亚历山德罗·贝伦达收藏。

奢华列车梦幻之旅　LA FOLIE DES TRAINS DE LUXE

# Côte d'Azur Pullman Express

## 蔚蓝海岸
## 铂尔曼号列车

**始发站：**法国巴黎里昂火车站
**列车结构：**8节车厢（3个列车组交替服役，每组包含1节带厨房的车厢、1节不带厨房的车厢、2节行李车厢等）
**运行时间：**1929—1939年

## 12.

### 蔚蓝海岸的高速火车

蔚蓝海岸铂尔曼号列车由巴黎—里昂—地中海铁路公司（PLM）推出的太平洋6000型火车头牵引着，在铁道上飞驰。它与蓝色列车一样，都是铁道上的贵族，不同的是蔚蓝海岸铂尔曼号列车是日间行车，而蓝色列车昼夜兼程。列车包含4节铂尔曼式一等车厢，国际卧铺车公司通过这列火车，将奢华列车的标准又提高了一个档次。它从巴黎出发，仅需14个小时便可抵达意大利文蒂米利亚，最终到达尼斯。车上的乘客能够获得最舒适的旅行体验。乘客们可以靠在起居车厢内由勒内·普鲁设计的扶手椅上，一边看着车窗外掠过的风景，一边聊着最新的时尚八卦，没有什么比这更惬意的了。在餐车里，乘客们不仅可以伴着留声机的音乐在舞池中起舞，还可以得到视觉和味觉的双重满足：菜品丰富而高档，勒内·拉里克设计的艺术品更是让车厢充满了艺术气息，令人迫不及待地想要入座。

1929年，位于夏朗德省的艾特雷工厂生产了数节铂尔曼式的金属车厢，国际卧铺车公司请来玻璃大师勒内·拉里克对车厢进行装饰。在女儿苏珊娜的协助下，这位擅长描绘动物、植物和古代人物的新艺术大师为列车设计了三种不同主题的玻璃装饰板：花束、乌鸦与葡萄、人物与葡萄。他运用模具压制的专利技术加工玻璃，优雅的浮雕透明玻璃装饰板让车厢尽显雅致。搭配勒内·普鲁设计的深色镶嵌拼花护墙板，车厢的每一个细节都无可挑剔。苏珊娜·拉里克为地毯绘制了图案，为普鲁创作的扶手椅设计了软包，还为餐桌上的利摩日陶瓷餐具设计了餐布。为了凸显它的特别，列车在1929年12月9日首次启程时，向每名乘客赠送了一件出自玻璃工艺大师之手的定制纪念品——一个裸体女人形状的玻璃摆件，"她"有着纤细的身材和随风飘扬的长发，其形象曾被用在雪铁龙5Hp车型的水箱塞上。

在蔚蓝海岸铂尔曼号列车运营的10年中，它曾搭载过众多富有的乘客前往温暖惬意的地中海沿岸。然而，第二次世界大战导致列车停运。尽管蔚蓝海岸铂尔曼号列车没有重返轨道，但它的一些车厢却得以重获新生：其中2节车厢在战后成为蓝色列车的起居酒吧车厢，还有1节车厢如今加入了东方快车集团旗下一辆有7节车厢的列车。

P134：1929年，皮埃尔·菲利克斯·马索（Pierre Fix-Masseau）为蔚蓝海岸铂尔曼号列车绘制了这幅海报。亚历山德罗·贝伦达收藏。

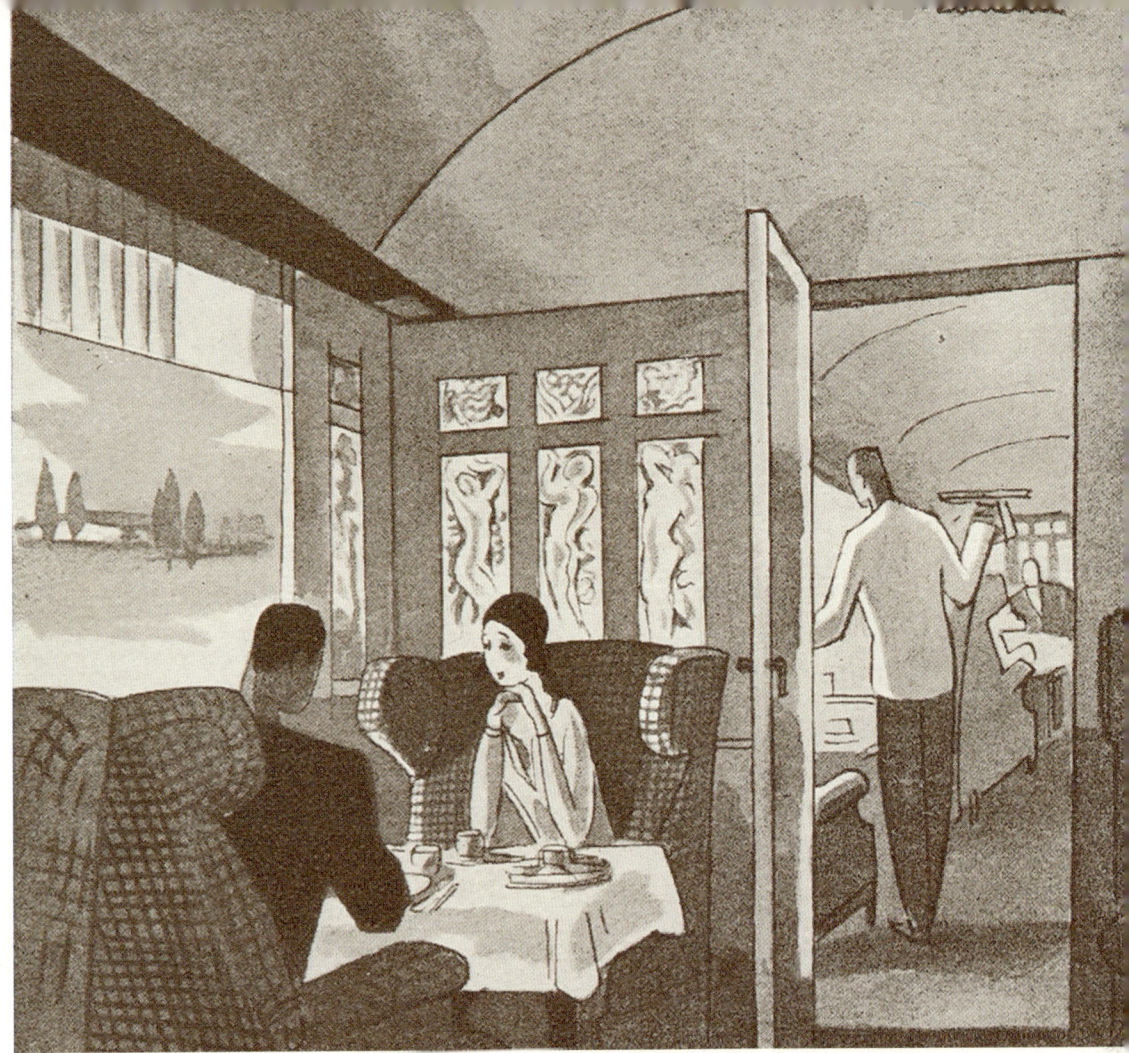

P136-P137、P138：照片摄于1929年蔚蓝海岸铂尔曼号列车的4159号车厢，车厢由勒内·普鲁布置，装饰着梧桐木的护墙板。苏珊娜·拉里克·哈维兰设计了地毯和扶手椅天鹅绒的图案。玻璃装饰板由勒内·拉里克于1928年制作。

P139：图片出自1929年蔚蓝海岸铂尔曼号列车的广告画册。亚历山德罗·贝伦达收藏。

奢华列车梦幻之旅　LA FOLIE DES TRAINS DE LUXE

P140、P141、P142-P143：照片摄于1929年的4151号车厢，这是1节铂尔曼式的起居车厢。车厢内的布局、地毯和扶手椅天鹅绒由勒内·普鲁设计，他还为车厢制作了白蜡木的护墙板和窗框。亚历山德罗·贝伦达收藏。

奢华列车梦幻之旅　LA FOLIE DES TRAINS DE LUXE

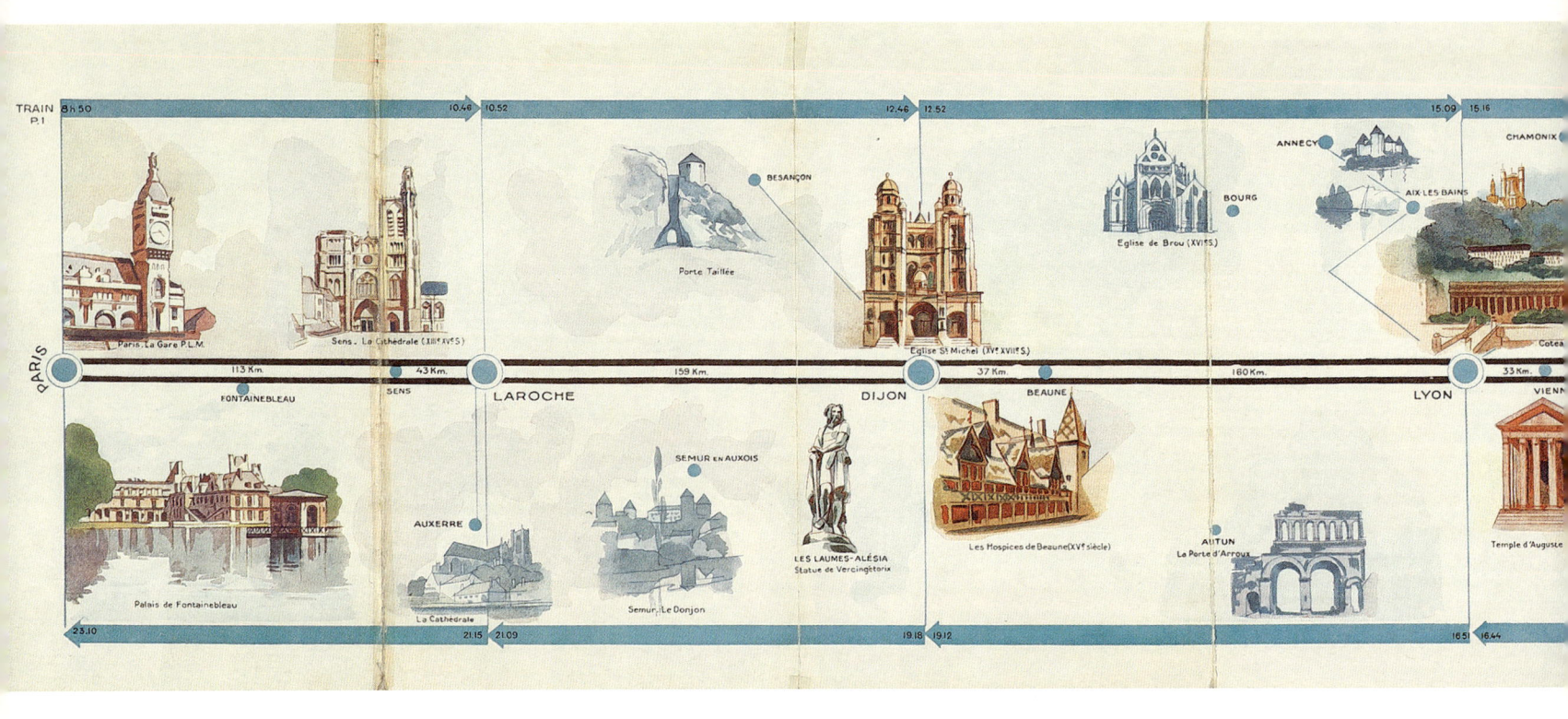

P144-P145：两幅图片出自1929年蔚蓝海岸铂尔曼号列车的广告画册。上图绘制了列车的行车路线，下图展示的是蒸汽火车头正牵引着整辆列车前进。亚历山德罗·贝伦达收藏。

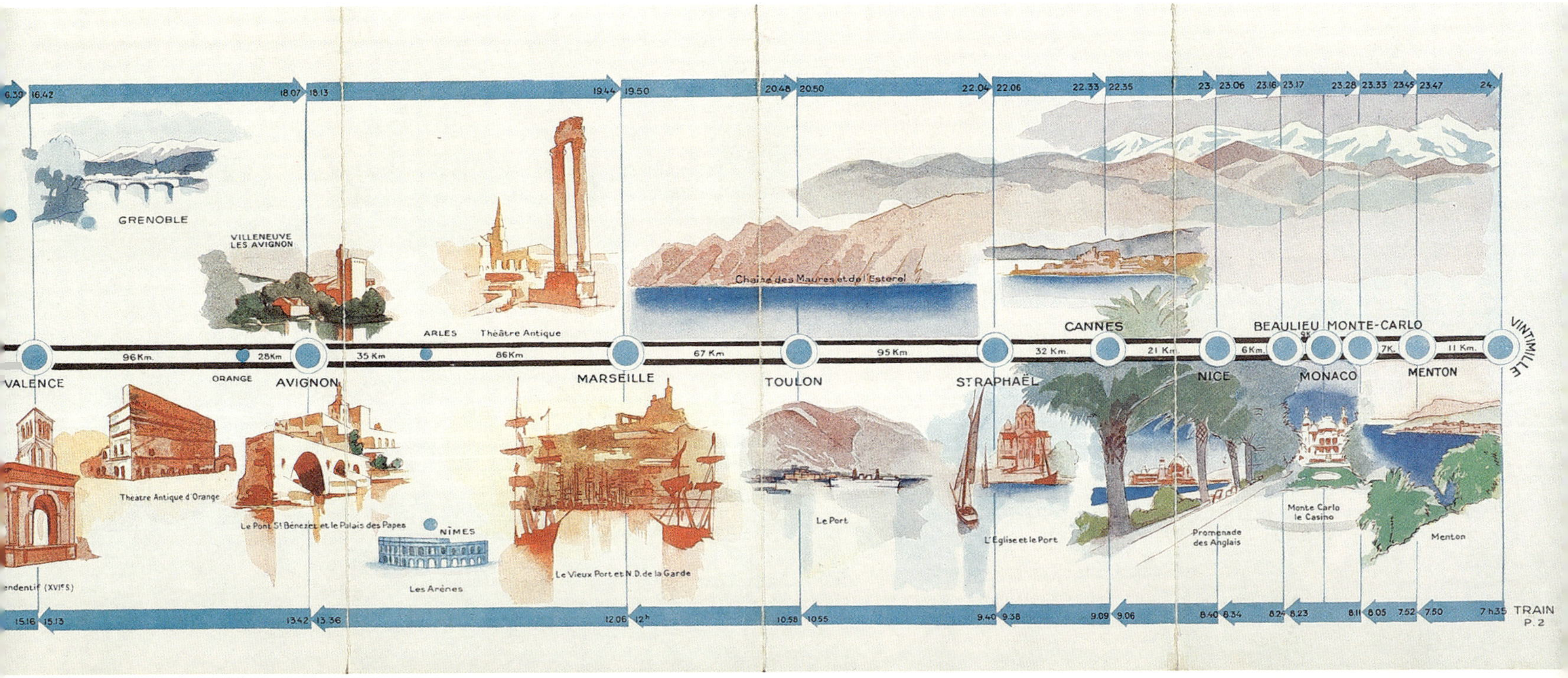
16.42
18.07
18.13
19.44
19.50
20.48
20.50
22.04
22.06
22.33
22.35
23.06
23.16
23.17
23.28
23.33
23.45
23.47
GRENOBLE
VILLENEUVE LES AVIGNON
ARLES
Théâtre Antique
Chaine des Maures et de l'Esterel
CANNES
BEAULIEU
MONTE-CARLO
VINTIMILLE
96Km.
28Km
35 Km
86Km
67 Km
95 Km
32 Km.
21 Km.
6Km.
7K.
11 Km.
VALENCE
ORANGE
AVIGNON
MARSEILLE
TOULON
ST RAPHAËL
NICE
MONACO
MENTON
Theatre Antique d'Orange
Le Pont St Bénezet et le Palais des Papes
NÎMES
Les Arènes
Le Vieux Port et N.D. de la Garde
Le Port
L'Eglise et le Port
Promenade des Anglais
Monte Carlo le Casino
Menton
15.16
15.13
13.42
13.36
12.06
12h
10.58
10.55
9.40
9.38
9.09
9.06
8.40
8.34
8.23
8.11
8.05
7.52
7.50
7 h35
TRAIN P. 2

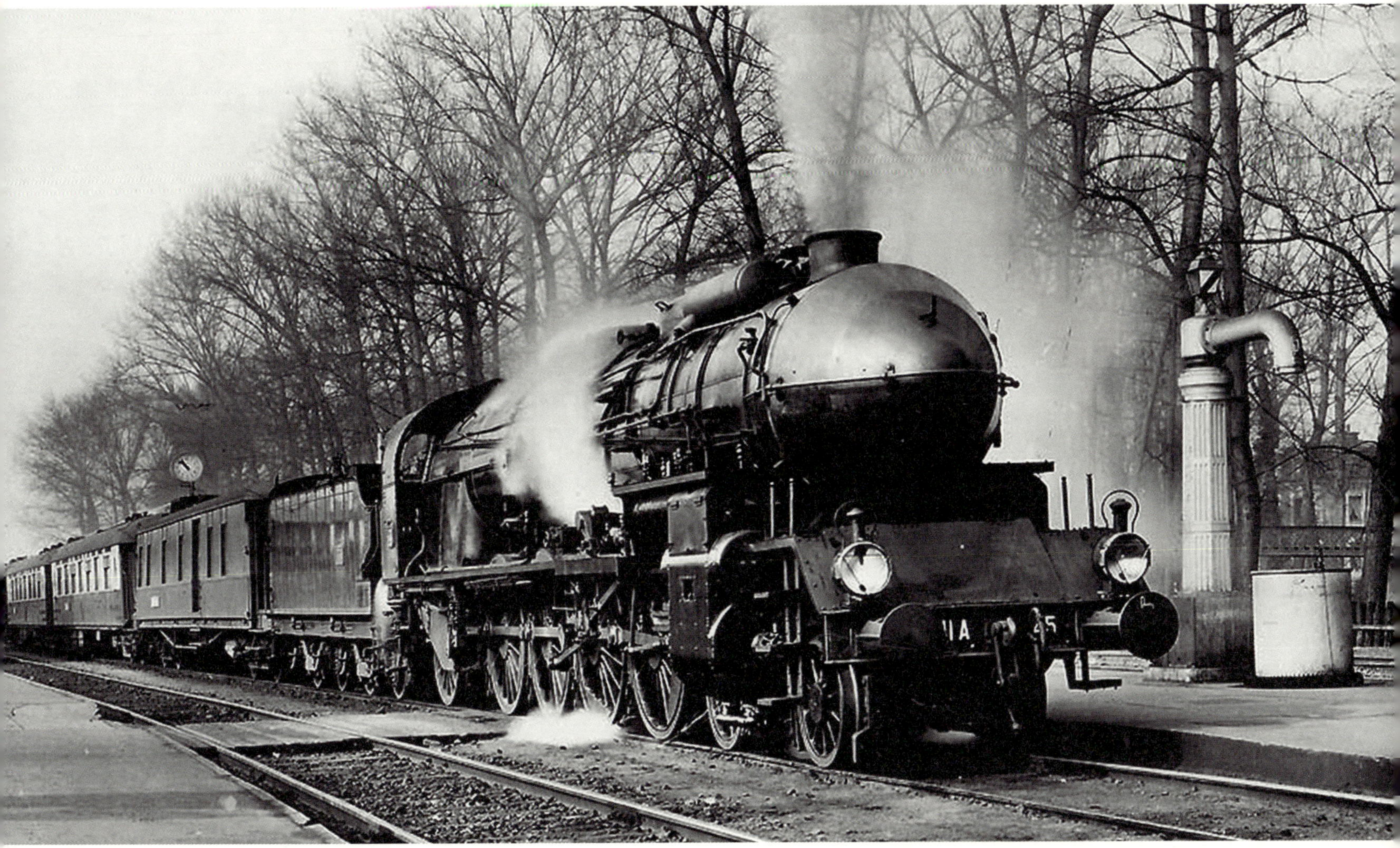

# Golden Eagle
# Trans-Siberian Express

## 金鹰号
## 西伯利亚快车

**始发站：** 俄罗斯莫斯科喀山火车站
**列车结构：** 9—21 节车厢（数节卧铺车厢、2 节餐车、1 节酒吧车厢、1 节后厨车厢、1 节洗衣车厢、1 节储存车厢）
**运行时间：** 2007 年投入运营

## 13.

### 跨越 8 个时区的铁路史诗

1891 年 3 月，俄国沙皇亚历山大三世颁布决议，宣布修建一条从符拉迪沃斯托克到圣彼得堡的铁路。在此之前，他花了长达 4 年的时间进行大范围调研和制定路线，最终才下定决心。同年 5 月，他令自己的儿子——未来的沙皇尼古拉二世，参加在符拉迪沃斯托克举办的开工仪式，跨西伯利亚铁路从此诞生。它不仅是一条铁路，更是一条运送原材料、军队和武器的交通要道。一列列火车搭载西伯利亚地区的乘客前往俄国西部，亚洲制造的货物从这条联结欧洲和远东地区的重要通道，源源不断运往西方国家。最初修建跨西伯利亚铁路是为了提高经济收益、提升国家威望，但建成之后，这条充满神秘色彩的铁路吸引了众多旅客。人们纷纷搭乘火车探访西伯利亚广阔的针叶林和苔原，感受辽阔的蒙古大草原，游览一望无际的贝加尔湖，聆听遥远的太平洋的海浪。2007 年，金鹰奢华列车公司推出了联结莫斯科和符拉迪沃斯托克的金鹰号西伯利亚快车，让更多人能够前去探访这片神秘的土地。

GW 旅行（GW Travel）创始人蒂姆·利特勒（Tim Littler）是金鹰号西伯利亚快车项目的发起者。GW 旅行是一家专注于奢华列车的公司，2012 年更名为"金鹰奢华列车有限公司"。早在 1996 年，利特勒就已决心开发西伯利亚旅游线路，但跨西伯利亚铁路的运输方式十分烦琐，使得乘火车旅行变得非常麻烦。当时，从莫斯科到符拉迪沃斯托克需要 60 余个火车头接力运送。21 世纪初，利特勒终于取得俄罗斯政府颁发的私营列车经营权，他可以不依赖俄罗斯的国营铁路公司，独立开发火车项目。金鹰公司对 1 节 P-36 型蒸汽火车头进行翻新，并定制了 21 节舒适性极高的车厢。终于，2007 年 4 月 26 日，金鹰号西伯利亚快车首次启程，路线全长近 1 万千米，跨越至少 8 个时区。沙皇尼古拉二世的远房表亲——迈克尔·肯特王子殿下莅临开幕。

金鹰号西伯利亚快车是一座铁路上的五星级酒店，每趟列车可搭载132 名乘客，车上64 名工作人员随时待命，以满足乘客最细微的需求。乘客可以在2 节餐车内品尝红菜汤、鱼子酱和贝加尔白鲑鱼，在酒吧车厢内畅饮香槟和伏特加。列车在铁道上的颠簸偶尔会惊扰宾客的睡眠，但那也无伤大雅，因为登上金鹰号西伯利亚快车本身就是一场美梦。

P146：无论天气状况如何，乘务人员都会在站台上迎接金鹰号西伯利亚快车的乘客们。

P148-P149：乘客在金鹰号西伯利亚快车的豪华餐车中能够享受到一流餐厅的服务。

P150、P151：在进入豪华包厢之前，请先在酒吧车厢内品尝一杯鸡尾酒，没有什么比这更惬意的了。

P152-P153：金鹰号西伯利亚快车的车厢外壳用蓝色和金色涂装。图中的列车正在漫长旅途中的某一站停靠休息。

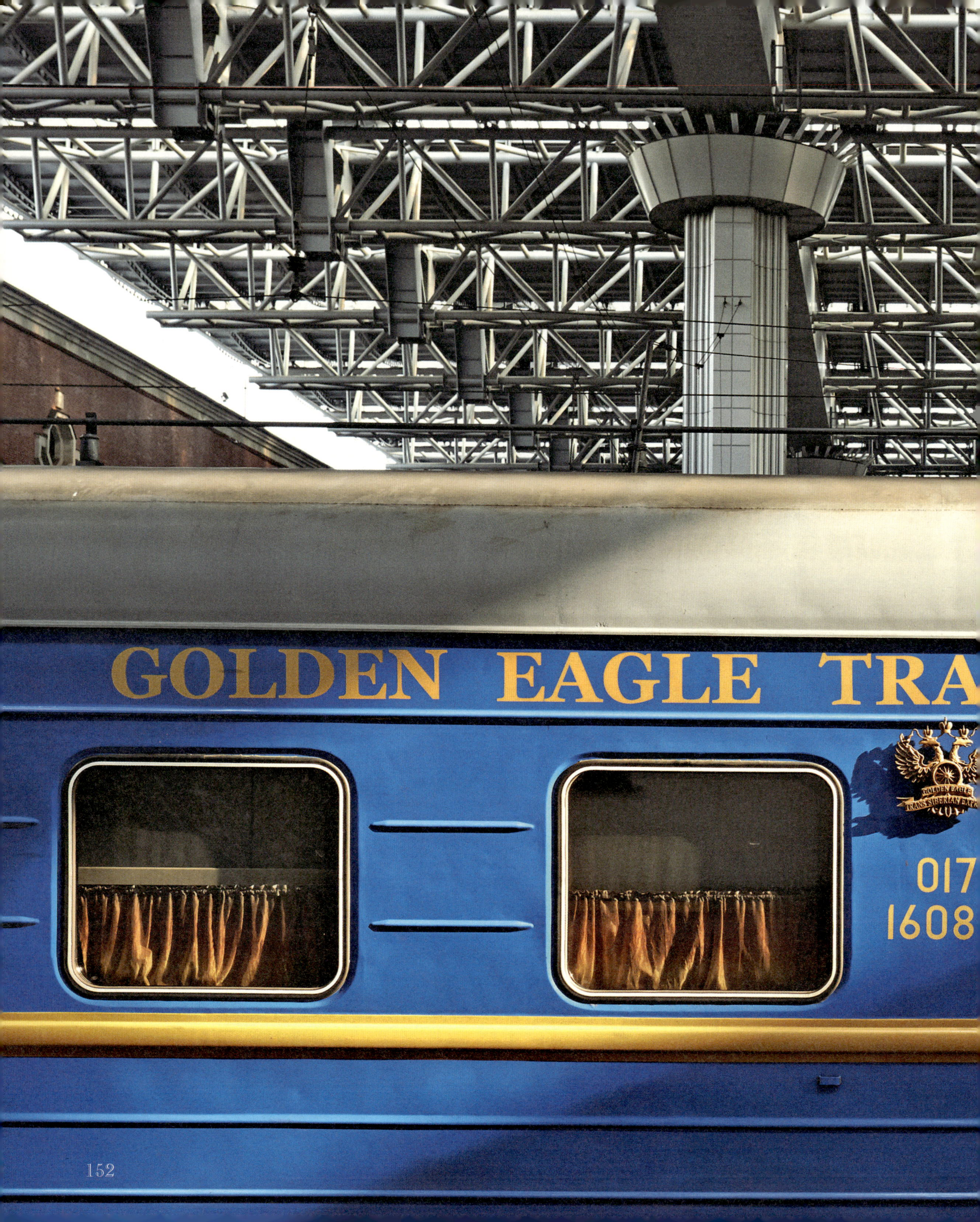
GOLDEN EAGLE TRA
017
1608

# Pride of Africa

## 非洲之傲列车

**始发站：** 南非比勒陀利亚非洲之傲火车站
**列车结构：** 车厢数目非固定（数节卧铺车厢、2节餐车、1节观景酒吧车厢、1节起居车厢、1节设备车厢）
**运行时间：** 1989年投入运营

## 14.

### 罗罕·沃斯的梦想之车

1985年，罗罕·沃斯（Rohan Vos）从拍卖会上拍得几节车厢，当时他唯一的想法是对车厢进行修复，和家人一起搭乘私人火车出游。10年后，他已成为一个火车公园的主人，园内停放着50余节车厢和多个火车头。他成立了罗沃斯铁路公司（Rovos Rail），专营豪华铁路旅游。该公司推出非洲之傲列车，成功克服了运营初期的种种困难，快速扩张业务，为客户开辟了多条南部非洲线路，将奢华列车开到了纳米比亚、安哥拉、坦桑尼亚，甚至博茨瓦纳。如今，非洲之傲列车已成为全球正在运营的最豪华的火车之一，也是铁道迷们钟爱的列车。

这趟列车是一辆20世纪初复古风格的奢华列车，具备几点优势。列车上的私人包厢，无论是豪华套房还是皇室套房，面积都至少占据半节车厢，空间十分宽敞。列车的舒适性极高，车上服务间提供24小时随叫随到的贴心服务。每间套房都设有独立卫浴，皇室套房的乘客甚至可以享受到维多利亚式的豪华足浴。2节餐车有带廊柱的开放式雅座，也有私密的小隔间，座椅都用柔软的皮革包裹，乘客们可以在品尝野味、啜饮南非列级酒庄的美酒的同时，欣赏窗外不断变换、令人惊叹的美景。列车尾部的车厢设有一个宽敞的露天观景台，坐在木质长椅上，能够无遮挡地领略沿途的风光。对于那些更愿意在车厢内吹着空调品尝鸡尾酒或红酒的乘客，坐在带沙发和圈椅的列车酒吧观景是不错的选择。为了与火车的美好年代相契合，列车为伦敦牌雪茄或哈瓦那雪茄爱好者们设置了一个专属空间，他们可以在20世纪初风格的雪茄俱乐部里吞云吐雾。整辆非洲之傲列车颇具时代感，在同一空间糅合了维多利亚时期和爱德华时期的装饰风格。柚木装饰的车厢内摆放着各式各样的家具，有巴洛克式、帝国式和新艺术式，通过花朵图案和柱子的装饰，营造出一个既轻松又雅致的氛围，搭载乘客开启一场发现辽阔非洲的铁道怀旧之旅。

这些便是非洲之傲列车的优势所在。它在诞生之初只是一趟行驶在南非的列车，如今业务已遍布整个南部非洲。非洲之傲有多条线路，其中最长的一条从大西洋直抵印度洋，耗时14天，途经非洲大陆的多个代表性景点。从神秘的维多利亚大瀑布、赞比亚充沛的河流水系，到卡拉哈里沙漠的红色沙丘和险峻陡峭的好望角，非洲之傲列车带领乘客领略非洲的神奇。

P154：非洲之傲列车有多条线路，其中从比勒陀利亚到开普敦的旅程耗时8天，乘客可以在舒适的餐车里用餐。

P156、P157：非洲之傲列车的火车头、车厢外观和机械设施的精致程度不亚于车厢内部。

P158-P159：非洲之傲列车诞生于1989年，由南非亿万富豪罗罕·沃斯创立。列车开通了非洲南部腹地的多条观光线路。餐车是列车的王牌之一，提供种类丰富的餐食。

157

P160：列车最豪华的皇室套房浴室配有维多利亚式浴缸，让乘客享受真正的复古奢华旅程。

P161：观景车厢的露天观景台沐浴在阳光下。列车酒吧位于同一节车厢中。

162

# Eastern & Oriental Express
## 亚洲东方快车

**始发站：** 新加坡兀兰火车关卡、泰国曼谷华南蓬火车站
**列车结构：** 21节车厢（14节卧铺车厢、2节餐车、1节观景车厢、1节钢琴酒吧车厢、1节起居车厢、2节乘务员车厢）
**运行时间：** 1993年投入运营

## 15.

### 殖民风格的亚洲快车

贝尔蒙德集团的亚洲东方快车从泰国首都曼谷启程，途经马来西亚首都吉隆坡，目的地是"狮城"新加坡。

1993年，亚洲东方快车启程，它是首趟联结曼谷与新加坡的火车，路程全长1943千米。发起者是东方快车酒店集团总裁詹姆斯·谢尔伍德，他颇具远见卓识。当时，集团已在亚洲地区广泛开展酒店和游轮业务，威尼斯辛普伦东方快车大获成功。因此，当一辆废弃的奢华列车摆在这位从不知疲倦的企业家面前时，他几乎没有任何犹豫就买下了它。1990年，他又购买了一批新西兰奢华列车"银星号列车"（Silver Star）的车厢——新西兰国家铁路公司已于11年前终止了该车的运营。这24节车厢后来在郁郁葱葱的东南亚平原和丘陵间纵横驰骋。那么，我们有必要先回顾一下这些车厢的历史。

银星号列车的车厢诞生于1969年的日本。那一年，新西兰国家铁路公司向列车制造商日本车辆制造株式会社和日立集团订购了31节不锈钢车厢。这些车厢组成了一列火车，联结奥克兰和惠灵顿，全程仅需12小时。1971年9月，银星号列车首次发车，列车的名字源于车厢闪闪发光的外观。然而8年后，列车由于无法创收而停止运营。尽管乘客无法再透过列车宽大的车窗欣赏有着"长白云之乡"之称的新西兰的壮美景色，但11年后，企业家詹姆斯·谢尔伍德为列车赋予了比以前更惊艳的窗景：东南亚茂密的热带丛林、广阔的水稻梯田和天堂般的海滩。

为了让列车转向架符合泰国和马来西亚的轨距，新西兰制造商A&G Price对车厢进行了初步的改装，之后，24节车厢被运往新加坡。清洗干净后的车厢按照新东家的想法进行了彻头彻尾的整修和改装，车厢被刷成深绿色，列车的名字用金色字体描绘在车厢侧面，奠定了整体的装饰风格。詹姆斯·帕克建筑工作室重新安排了车厢内的布局，法国装饰师热拉尔·盖勒特为列车设计了优雅的镶嵌拼花和樱桃木装饰板，安装在深色的榆木护墙板上，搭配亚洲当地的特色家居，如吉姆·汤普森（Jim Thompson）设计的丝质织料和地毯，营造出一种和谐统一的美感。包厢内有很多精巧的设计，能让乘务员迅速将日间起居室变为舒适的夜间卧房。列车上还设有观景台、读书室、酒吧和餐车。这辆亚洲的豪华快车让詹姆斯·谢尔伍德又一次赚得盆满钵满。

P162：精致的钢琴酒吧车厢，由热拉尔·盖勒特设计。热带木材的应用让整体氛围热情洋溢。

P164：亚洲东方快车舒适的起居车厢极具东方情调，吸引乘客落座遐想，放松片刻。

P165：亚洲东方快车的车厢有时也是活动的展示板。观景车厢配有宽大的玻璃窗和柚木护墙板，窗外的美景尽收眼底。

P166-P167：列车驶入丛林，每一扇车窗都变成了画框，而每一幅画作都无与伦比。

奢华列车梦幻之旅　LA FOLIE DES TRAINS DE LUXE

P168：酒吧车厢采用殖民时期的风格装饰，铺着柚木地板。

P169：图为卧铺包厢的日间模式（上）和夜间模式（下），列车乘务员负责为旅客铺好折叠床。

P170-P171："罗莎琳"（Rosaline）餐车玫瑰木护墙板上的手绘图案，是亚洲东方快车最精美的装饰之一。

171

# Seven Stars in Kyushu

## 九州七星号列车

**始发站：** 日本福冈县博多火车站
**列车结构：** 7节车厢（5节卧铺车厢、1节餐车、1节观景车厢）
**运行时间：** 2013年投入运营

## 16.

### 七星级观光列车

九州七星号列车是如今正在运营的最豪华也最独特的火车之一，登上列车需要有足够的运气和耐心。这辆豪华观光列车联结日本九州岛的多个县，路程全长3000多千米，旅途需耗费2—4天，每趟列车仅搭载28名乘客，列车人气持续走高。面对巨大的需求量，日本九州铁路公司决定通过抽签的方式，将座席分配给那些幸运儿。九州七星号列车是火车公司的盈利王牌和骄傲。车厢设计者水户冈锐治认为，想要了解其成功的秘诀，只需瞥一眼车厢的内部装饰即可。它是日本首趟豪华卧铺火车，列车的定位早在设计阶段就已明确，那就是打造日本的"东方快车"。列车将最先进的科技革新成果和传统装饰融合在一起，唤醒乘客的怀旧情结。

列车制造的全程中，水户冈始终秉持这一理念，从车厢的设计、颜色和材料的选择，到列车的标志、车上服务，一切工作都要在他的许可下推进。为了让列车更具日本传统特色，充分展示日本丰富的文化遗产，他聘请了多位知名艺术家进行创作。车厢内部整体采用木材装饰，如胡桃木的地板、枫木和玫瑰木的墙壁和天花板。木下雅人（Masato Kinoshita）和他的助手们则参照日本传统的"组子细工"为列车制作了华丽的遮阳板。组子细工是一种木工工艺，可以不用钉子和胶水，镶嵌出精巧复杂的图案。遮阳板底下铺了一层"障子"，营造出私密的氛围，让人联想到日式传统房屋。各式餐具出自日本的两个国际名窑："柿右卫门窑"和"清六窑"。车厢墙面上挂着几幅水户冈锐治亲手绘制的画作，供乘客们欣赏。

九州七星号列车由7节车厢组成，数目与列车名字中的"七星"相符。"7"还代表九州岛的7个县、九州岛的7种特色（自然、美食、温泉、历史文化、能量景点、风土人情、九州七星号列车），还有在夜间为水手们指明方向的小熊星座北斗七星——列车希望把自己打造成感受九州岛深厚底蕴的门户。从"蓝月"起居车厢的全景式车窗向外望去，乘客可在旅途中欣赏到雾岛山陡峭起伏的山峦以及有明海和日向海的美景。"木星"餐车主要供应用九州岛的食材制作的菜肴——每趟旅行途中，日本大厨们都会精心烹饪不同的餐食。乘客们可以享用由多道小菜组成的怀石料理，还可以品尝到鲜美的河豚。这种鱼得经过专业人士的处理才能食用，否则可能致命。5节卧铺车厢则能让乘客在沿途游览的间隙好好休息一下。毋庸置疑，九州七星号列车配得上"七星"的标准。

P172：2013年9月13日，九州铁路公司旗下的奢华列车——九州七星号列车在公司位于北九州的工厂揭幕。几周后，这座铁道上的宫殿迎来了首次发车。

P174：起居车厢尽头的餐桌有着最佳视野，超大玻璃窗让乘客能够欣赏到列车尾部的风景。

P175：九州七星号列车的包厢十分奢华。

# Twilight Express Mizukaze
# 黄昏特快 瑞风号列车

**始发站：** 日本大阪下关火车站
**列车结构：** 10节车厢（6节卧铺车厢、1节餐车、2节观景车厢、1节起居车厢）
**运行时间：** 2017年投入运营

## 17.

### 日本铁道上的一缕新风

有着"日出之国"美称的日本一直以来都是高速火车的领军者。如今，日本开始不再一味地追逐速度，转而更注重品质。在包括西日本旅客铁道公司在内的几家主要铁道公司的推动下，融合了先进技术和怀旧情结的日本新一代奢华列车投入运营。黄昏特快瑞风号列车便是在这种背景下诞生的，它的名字在日语里意为"清风"。

黄昏特快瑞风号列车是一列充满了怀旧色彩的火车，它的前身是服役27年之久的传奇夜行列车"黄昏特快"（Twilight Express），该列车于2016年停运。新车不仅在外观上与黄昏特快类似，都采用了带装饰线条的绿色外漆，连"瑞风号"的标志也与前辈的标志设计如出一辙。虽然两趟列车都选择大阪作为始发站，但运行线路却大不相同。黄昏特快的终点是北部的札幌，而黄昏特快瑞风号列车的行车方向是日本最大岛屿——本州岛——的最西端。黄昏特快瑞风号列车是一趟真正的观光列车，每趟仅有34个席位，搭载乘客们欣赏日本迷人的海景、鸟取大山白雪覆盖的山坡、濑户内海的群岛；探访鸟取地区的文化圣地，如冈山后乐园和江户时代的日式庭院；参观存放了众多圆山应举（Maruyama Okyo）画作的大觉寺。这列新一代的奢华列车希望把自己打造成日本开放的窗口，让更多人了解日本的建筑、风景、自然环境、历史和美食。一列没有美食的列车不能被称作奢华列车，尤其日本又是一个美食如此丰富的国度。"昂"餐车便扮演了美食推广大使的角色——它的开放式厨房让乘客可以实时观察主厨和助手们的烹饪技法，也让知名美食评论家门上武司（Takeshi Kadokami）设计的菜单变得鲜活起来。如果乘客更愿意在安静的环境里用餐，那么可以入住位于7号车厢的皇室套房——它是6节卧铺车厢中最大的套房，包含玄关、私人阳台、起居室兼餐厅、卧室，以及铺着大理石地砖、配备双人浴缸的浴室，面积占据了整节车厢！

在对车厢内部进行设计时，设计师浦一也（Kazuya Ura）希望参照西方国家奢华列车的做法，突出装饰艺术的地位，同时兼具日本的本土特色与现代性。车厢护墙板的木材均源自日本树种，装饰品和实用器具中也有不少日本名家之作：备前烧的陶器、大西清右卫门的特级茶具、萩市玻璃雕花餐具、截金花纹的玻璃雕像等。起居车厢被命名为

P176：黄昏特快瑞风号列车的餐车装潢极具现代感，家具和地毯上的几何图案采用了西方装饰艺术的风格。

"西厅",乘客可以在这里欣赏日本茶道仪式。列车的外观则由福田哲雄(Tetsuo Fukuda)负责设计,他遵循与浦一也相似的设计理念。观景车厢均配有位于列车两端的全景式车窗和露天观景台,并能够根据火车的行进方向,时而变成列车的头部,时而变成列车的尾部。车厢的样式令人联想到日本武士头盔的"面甲",隔着"面甲",铁道上的清风徐徐吹来,带给乘客无比惬意的感受。

P178、P179:车厢地毯上的图案采用的是列车标志。

P180-P181:观景车厢的大车窗让乘客尽情欣赏日本的美景。

P182：黄昏特快瑞风号列车的火车头做成了观景台的样式。

P183：日本铁道公司于20世纪50年代设计的海报。

# The Royal Express
# 皇家特快

**始发站：** 日本 JR 横滨站
**列车结构：** 8 节车厢（1 节餐车、2 节观景车厢、1 节酒吧车厢、2 节起居车厢、1 节迎宾车厢、1 节后厨车厢）
**运行时间：** 2017 年投入运营

## 18.

### 平民的奢华列车

对于很多东京人而言，每当他们想要将都市里的纷纷扰扰暂时抛到脑后，便会前往伊豆半岛度假。仅需几小时车程，他们便可以远离都市的快节奏生活，来到这个以温泉和白色沙滩闻名的地方，获得片刻的宁静。如果想要完全避开拥挤的人群，去亲近大自然，更加原始的西海岸也是不错的选择。

为了更好地满足市民对伊豆半岛旅行的需求，2017 年 9 月，东急车辆制造株式会社推出了全新的伊豆急 2100 型快车，往返于横滨和伊豆急下田站，并将其命名为"皇家特快"。列车的设计者是参与过 60 余列火车设计的全球知名设计师水户冈锐治。皇家特快的乘客可以坐在梦幻般华丽的车厢里，在短短 3 小时内便抵达伊豆半岛的最南端。和设计其他火车一样，水户冈锐治在设计皇家特快时，也倾向于使用木材对车厢内部进行装饰。胡桃木、雪松木和樱桃木被大面积使用，餐车遮阳板的制作使用了日本传统的"组子细工"技法。他通过使用精巧的线条，让阳光透过窗户，形成变幻的光影。2 节观景车厢分别位于列车头部和尾部，整体采用深色调，书架上满满的图书供乘客自行取阅，营造出一个令人静心沉思的空间。地上铺着三角形的砖块，映照着如同尖顶教堂般的天花板，让空间显得更高。餐车车厢富丽堂皇，天花板呈半弧形，彩色玻璃窗则令整体氛围更加欢快，乘客们全程都可以在这里欣赏乐队的现场演奏。

水户冈锐治在设计每一列火车时，都遵循着一个原则：在充分利用空间的前提下，方便乘客在列车这座移动的建筑里遇见彼此、相互交流。秉持着这个想法，他为列车设计了带海洋球池的儿童游乐区，令小朋友们喜出望外，海洋球池也很好地融入整体装饰，这说明列车在设计时考虑到了乘客群体的多样性。还有 1 节车厢可用于举办私人活动，如婚礼或生日庆典，没有活动时则作为一间画廊。传统与现代在这个精巧的交通工具里完美融合。作为一列奢华列车，皇家特快没有局限于精英阶层，它为上百名乘客创造尽可能舒适的环境，搭载他们前往自己心仪的度假胜地。

P184：皇家特快设有 2 节观景车厢。列车的图书室也在这里。

P186-P187：列车的每一个角落，包括工作人员专属区域，都经过精心设计。图为后厨的入口，这里和乘客活动区域一样，也极具美感。

奢华列车梦幻之旅　LA FOLIE DES TRAINS DE LUXE

P189：第二节观景车厢（上）有着绿色斜顶天花板，起居车厢的装饰元素也十分丰富。木工工艺、镶嵌拼花、色彩、光影和色调的变化让整个空间如同万花筒，令人目不暇接。

P190-P191：列车上的公共区域和工作区域都经过精心设计，火车头和车厢的外观也精巧雅致。

奢华列车梦幻之旅　LA FOLIE DES TRAINS DE LUXE

# Train Suite Shiki-Shima

## 四季岛
## 豪华寝台列车

**始发站：** 日本东京上野火车站
**列车结构：** 10节车厢（6节卧铺车厢、1节餐车、2节观景车厢、1节起居车厢）
**运行时间：** 2017年投入运营

## 19.

### 新一代奢华列车的代表

四季岛豪华寝台列车项目起步于2013年，2017年5月正式投入运营。东日本旅客铁道公司仅用4年时间，便为奢华列车的历史谱写了新的篇章。列车采用混合动力，根据行驶路段的不同，在电力和柴油之间切换。列车的设计者是曾任职于保时捷和法拉利的奥山清行（Kiyoyuki Ken Okuyama）。他还参与过日本新干线的规划，这让四季岛列车自带高贵血统，充满未来感。这趟开往日本北部和北海道的列车有多条观光线路，每列仅搭载30余名乘客，途中穿插参观游览和味觉盛宴——车上餐食由米其林星级厨师中村胜宏（Katsuhiro Nakamura）烹制，乘客们可以在现代而温馨的餐车里享用美食。

大多数奢华列车都带有怀旧风格，四季岛豪华寝台列车却更钟情于现代感。只需看一眼奥山设计的车厢，便可以感受到这一点。起居车厢"林间流光"的车窗没有采用传统的矩形设计，而是做成了三角形或五边形；墙上雕刻的树干增强了车厢的空间感，使天花板显得更高。起居车厢还有一个错层设计，较低的一层装有封闭式壁炉，乘客可以坐在旁边，享受安静的炉火。这种错层的做法在日本很常见，也贯穿于整辆列车的设计中。"四季岛套房"便是一个不错的例子。套房如同一座微型别墅，下层是卧室，上层是一间有日本传统暖桌的客厅，暖桌配有取暖设备和日式蒲团，中层则是浴室。浴室中配备了各种高端设施，例如用木崎谷的柏木做成的日式传统浴盆，让搭乘列车的舒适感得到进一步提升。为了防止泡澡水溢出，浴盆中的水位精确到毫米，并装配了防波系统，可以挡住任何因列车摆动引起的小水波。

列车的其他车厢也遵循同样的设计理念，在追求现代前卫的同时，大量使用日本本土的材料和工匠，让车厢风格与周遭的环境、装饰和设施和谐统一。车上不仅有榻榻米，还铺着山形县手工匠人制作的地毯，地毯的图案和材质让人联想到水面上的波涛、阳光照着风中沙沙作响的树叶、春季灌木丛中的青苔。车厢里装饰着"印传"，一种用上漆鹿皮制成的小匣子，还有日本著名品牌Bunaco的山毛榉灯罩和篮子，以及用"仙台箪笥"技法制作的纸巾盒，每个元素都完美融入列车既传统又现代的氛围，成为这场流动盛宴的一部分，带领乘客感受流逝的光阴，探寻精彩的未来。

P192：乘客可以从四季岛列车的起居车厢下几级台阶，进入钢琴酒吧。

P194、P195：雅致的四季岛列车堪称日本奢华列车中的明珠。精细的美学理念在车厢中随处可见。

奢华列车梦幻之旅  LA FOLIE DES TRAINS DE LUXE

P196-P197、P198、P199：四季岛套房是列车最豪华的房间。房间被设计成双层，有着巨大的窗户，还配有私人温泉。房间极尽奢华，布局安排也体现了设计师高超的技艺。

P200-P201：同为日本象征的四季岛豪华寝台列车和富士山同框。

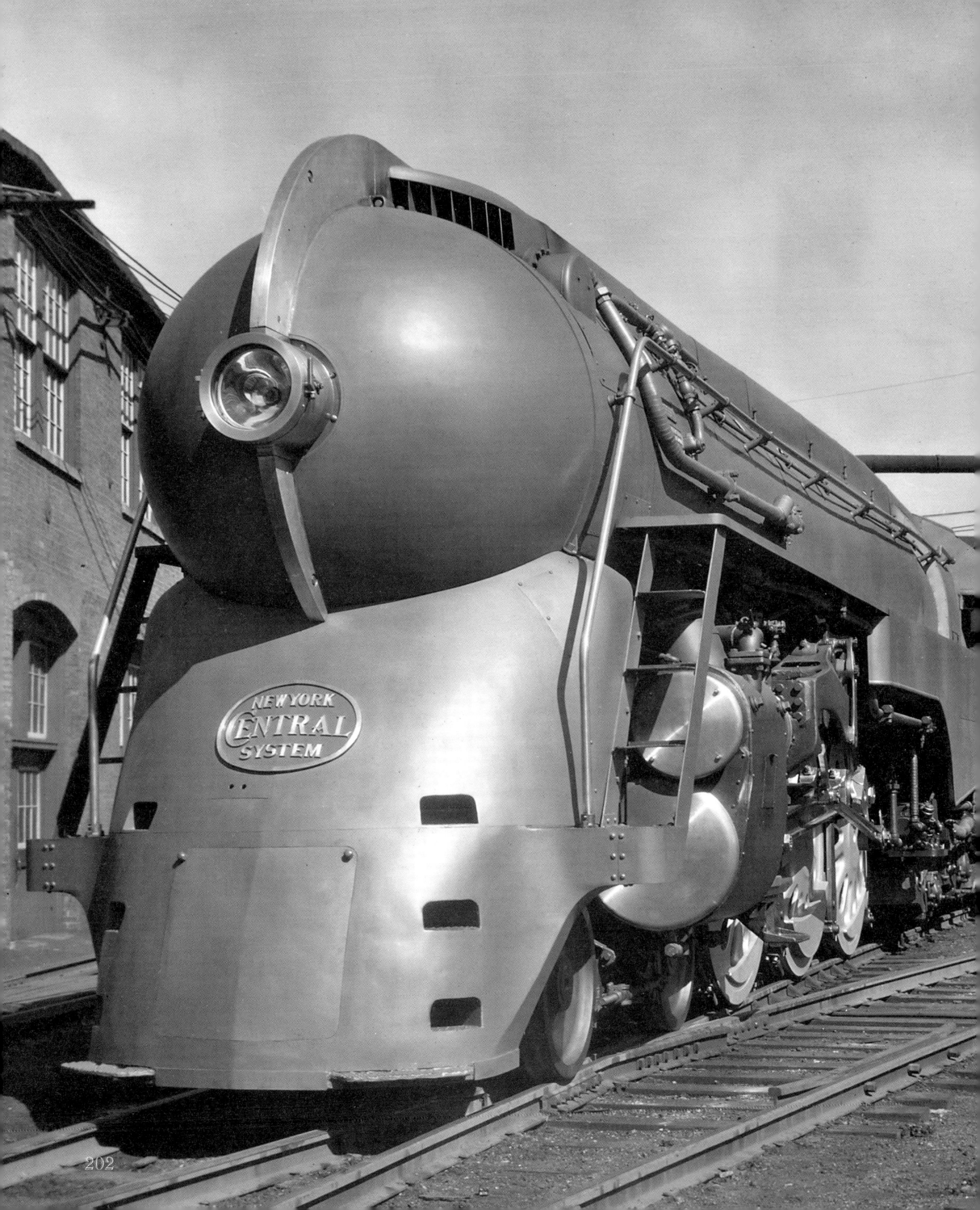

# 20th Century Limited

## 二十世纪高级快车

**始发站：** 美国纽约中央火车站
**列车结构：** 11 节车厢（8 节卧铺车厢、1 节餐车、1 节观景车厢、1 节俱乐部车厢）
**运行时间：** 1902—1967 年

## 20.

### 快车中的设计典范

二十世纪高级快车诞生于 1902 年，由纽约中央铁路公司制造，往返于纽约和芝加哥。该公司推出这趟快车的主要目的是与宾夕法尼亚铁路公司的"百老汇特快"（Broadway Limited）同台竞争。1902 年 6 月 17 日，二十世纪高级快车搭载 27 名乘客首次发车。当时，这趟列车仅有 2 节卧铺车厢、1 节餐车、1 节带图书室的酒吧车厢和 1 节带户外平台的观景车厢。列车大获成功，全长 1547 千米的路程仅耗时 20 个小时，创下了那个时代的最快纪录。车上的服务细致周到——列车针对那些希望享受豪华旅程的有钱人和想要尽可能节省时间的商人，专门配备了车上理发师和秘书。面对巨大的成功，中央铁路公司推出多趟二十世纪高级快车，它们同时在线路上穿梭往返，有时不同列车甚至会在靠站时互换几节车厢。1905 年，一起人为脱轨事故导致 21 名旅客身亡，也危及列车的运营。事故的始作俑者始终没有被缉拿归案。二十世纪高级快车虽免于停运，但谨慎为上，纽约中央铁路公司还是进行了降速。直到 1938 年，更轻巧的车厢问世，全程的总耗时缩短到 16 小时。

1938 年，纽约中央铁路公司决定请亨利·德雷弗斯对这趟享誉盛名的列车进行改造，让它焕发新生。这名工业设计师曾为同一公司设计了"水星"（Mercury）系列火车，还因发明很多生活用品而声名鹊起，其代表作是西部电子公司的电话机和胡佛 150 型吸尘器。他对二十世纪高级快车的车厢和火车头的设计方案重新进行了考量。列车的车身被刷上纽约的城市色（蓝色和灰色），外观朴素大方。火车头的造型让人联想到角斗士的头盔，中央镶嵌一个照明灯，十分夺人眼球。车厢的内部则处处体现装饰艺术的魅力。亨利·德雷弗斯对空间进行重新布局，大量使用弧形元素。他摒弃传统的隔断和排列式座椅的布局，在车厢内随意摆放几个皮质扶手椅，营造宽阔的空间。一排排的卧铺被私人包厢取代。墙上挂着摩天大楼的图片，展现时代的进步。餐车里的餐具和银器由德雷弗斯亲自设计，上面印着二十世纪高级快车的标志。夜幕降临，餐车变为"世纪咖啡馆"，晚睡的乘客在昏暗的灯光下流连忘返，直至深夜。观景车厢位于列车尾部，被改造成封闭式，形状如同轮船的船尾。德雷弗斯在这里安装了一个仪表盘，让乘客实时观测列车的时速。改装后的二十世纪高级快车再一次大获成功，成为一辆传奇列车。然而，它仍然无力与势如破竹的航空业相抗衡。1967 年 12 月，二十世纪高级快车完成了它的最后一趟旅程。

P202：二十世纪高级快车吸睛的火车头制造于 1930 年，1939 年进行了改装。

P204：20世纪30年代，二十世纪高级快车的乘客们在观景车厢里交谈，氛围融洽。

P205：列车设施豪华，乘客可在车上晒着太阳打发时间。

P206-P207：图为改造后的餐车之一。餐车由亨利·德雷弗斯设计，被分为4个区域，设有前厅和服务台，可同时容纳64人用餐，1948年9月投入使用。

207

# American Orient Express

## 美洲东方快车

**始发站：** 车站非固定（运营初期往返于美国华盛顿和芝加哥）
**列车结构：** 车厢数目非固定（运营初期有5节车厢，2004年达到21节车厢）
**运行时间：** 1989—2008年

## 21.

### 征服美国西部的奢华列车

1986年，瑞士商人、怀旧伊斯坦布尔东方快车的创立者阿尔伯特·格拉特将目光投向大西洋彼岸。20世纪70年代初，由于航空旅游业的飞速发展和国家高速路网的不断完善，美国的旅客列车市场陷入低迷。格拉特凭借运营怀旧伊斯坦布尔东方快车积累的经验，看到了在美国推出奢华列车的机遇，他与美国人威廉·斯潘（William Spann）合作，收购了11节制造于20世纪50年代的铂尔曼式车厢。贝普安特室内设计工作室（Bay Point Interiors）负责车厢的内部翻新工作，让车厢内精美的镶嵌装饰重现往日的风采。车厢外壳也被刷上蓝色和奶油色的外漆，饰以金色线条。诞生于美国的铂尔曼式车厢曾于1个世纪之前征服欧洲，而如今人们却要按照优雅的欧洲风格对其进行改造，这真是命运的捉弄。翻新后的车厢分别被命名为"伊斯坦布尔""巴黎""柏林"，组成全新的"美欧快车"（American-European Express）。

1989年11月15日，美欧快车正式投入运营，往返于华盛顿和芝加哥。准确来讲，美欧快车还称不上一列火车，它仅有5节车厢，加挂在美国国家铁路公司旗下的不同列车后面运营。这5节车厢包含1节餐车、1节起居车厢和3节卧铺车厢，配有总统套房和五星级酒店的餐食。然而，格拉特和斯潘的公司并没有获得期待中的成功。更糟的是，1991年的一起脱轨事故造成一半车厢受损，公司的名誉也受到严重损害。1994年，一名投资者的加入为美欧快车的发展注入了新动力，列车更名为"美洲东方快车"，运营密苏里州和阿肯色州之间的旅游路线。但这个设想又一次以失败告终。1997年，列车被再次转手。这一次，它终于成为真正意义上的旅游专列，有了自己的火车头、玻璃圆顶车厢和自助餐车，之后车厢总数最高达21节，开始获得大众关注。

列车的新主人亨利·希尔曼（Henry Hillman）放弃美洲东部的线路，推出一条为期10天的辽阔西部旅游专线，带领乘客探访辽阔的大天空、神秘的科罗拉多大峡谷、黄石国家公园、落基山脉，最终抵达墨西哥边境。美洲东方快车迎来了发展的黄金

P208：美洲东方快车参考欧洲奢华列车里大量使用镶嵌拼花的做法，在餐车中用鸟类镶嵌图案进行装饰。

时代。2006年，威尼斯辛普伦东方快车就命名侵权提起诉讼，美洲东方快车不得不更名为"超豪华快车"（GrandLuxe Express）。考虑到列车轴承老化和维修成本，希尔曼决定将列车转手。两年后，金融危机席卷美国，列车的最后一任所有者汤姆·雷德（Tom Rader）宣布破产，车厢也被变卖。美洲东方快车在人们的希望中起步，经历过高峰低谷，它的终结也意味着20世纪美国奢华列车的时代就此结束。

P210、P211、P212-P213：美洲东方快车的钢琴酒吧和餐厅是公共区域，营造出典雅的舒适氛围，让旅客在闲适中欣赏美国的风景。

214

# 《Virginia City》

## "弗吉利亚城"车厢

**运行时间：** 1928 年以"水晶山顶"（Crystal Peak）的名称首次投入运营，之后更名为"金色山顶"（Golden Peak）。1954 年被卢修斯·毕比（Lucius Beebe）和查尔斯·克莱格（Charles Clegg）收购后重新投入使用。

## 22.

### 毕比先生的私家车厢

提到火车辉煌的历史，就不得不提起铂尔曼这个名字。在欧洲，铂尔曼式列车以优雅的豪华快车著称，联结着欧洲大陆的重要城市；而在大西洋彼岸的美国，乔治·铂尔曼不仅影响着旅客列车，也成就了一批私家车厢。从南北战争到20世纪60年代美国旅客列车衰落，几乎每一位美国经济黄金时代的政要和商业大亨都拥有铂尔曼式的私家车厢。美国铁路的宽轨距造就了很多伟大的列车，而车厢作为移动的宫殿，可以轻松加挂在已有的火车上，将它们的主人送至任何需要出面的场合。尽管达柳斯·迈尔斯（Darius O.Mills）、亨利·福特（Henry Ford）和利兰·斯坦福（Leland Stanford）都拥有自己的私人车厢，但最豪华的私家车厢却归属于一位如今并不出名的人物——卢修斯·毕比。

卢修斯·毕比出身于波士顿，是一名上流社会的花花公子。20世纪30年代，他在《纽约先驱论坛报》（New York Herald's Tribune）担任记者，专门收集纽约"咖啡会社"的夜间八卦。流连于肤浅庸俗夜场的卢修斯·毕比最终厌倦了美国东海岸的喧嚣，1950 年，他决定与同伴查尔斯·克莱格一道离开纽约，前往内华达州。他在内华达州继续做记者，但将全部的热情都奉献给自己热爱的火车。从那时起直至1966年去世，他与克莱格游遍美国，并对旅途中拍摄的大量图片进行整理，写就多本以火车为主题的著作。为了尽可能提升旅程的舒适度，方便他们四处游历，二人购买了2节铂尔曼式私人车厢，分别命名为"黄金海岸"（Gold Coast）和"弗吉利亚城"（Virginia City）。

如果说黄金海岸车厢的内部很值得一看，那么弗吉利亚城车厢则是极尽奢华。1954年，毕比和克莱格买下了弗吉利亚城车厢，并请好莱坞装饰大师罗伯特·汉利（Robert T.Hanley）出马，将其打造成"威尼斯巴洛克式文艺复兴"风格。汉利得到了二人的全权委托，直接从欧洲订购了一批家具：穆拉诺的玻璃吊灯、大理石壁炉配14世纪的西班牙壁炉台、真丝沙发和猩红色天鹅绒沙发，还复刻了西斯廷教堂的装饰细节，营造出车厢主人想要的巴洛克风格。这座移动的宫殿还配有土耳其浴池、卧室、餐厅、酒窖和观景台，毕比和克莱格搭乘着它周游美国，乐此不疲。二人一生中的大多数时光都在这个民间的铁路地标上度过。

P214：卢修斯·毕比在弗吉利亚城私人车厢内。起居室的大理石壁炉以天然气为燃料。

P216-P217：图为卢修斯·毕比和查尔斯·克莱格所拥有的另一节车厢——黄金海岸车厢——的外观。

# Hiram Bingham

## 海勒姆·宾厄姆号列车

**始发站：** 秘鲁库斯科波洛伊火车站
**列车结构：** 6节车厢（1节套房车厢、2节餐车、1节观景车厢、1节酒吧车厢、1节后厨车厢）
**运行时间：** 2003年投入运营

## 23.

### 五星级的铁路之旅

"海勒姆·宾厄姆号列车"（Hiram Bingham）于2003年首次启程，是一列当天往返于秘鲁库斯科和马丘比丘的短途豪华火车。

1911年7月，美国耶鲁大学历史学教授海勒姆·宾厄姆带领一支考古探险队前往秘鲁考察。这并不是他首次前往南美洲，但这一次南美之行的目的不同于以往，是为了寻找印加帝国的最后一个首都。7月23日，探险队在乌鲁班巴山谷中停下歇脚时，宾厄姆结识了一位附近的村民——梅尔乔·阿特亚加（Melchor Arteaga）。阿特亚加得知这些外国人正在寻找印加帝国的遗迹，便告诉他们附近就有一处遗址，坐落在一座山的山顶上。探险队决定第二天就前去探寻这处遗址。然而，一场暴雨让探险队的大多数成员在登山途中放弃，最终只有宾厄姆、克丘亚语翻译卡拉斯科（Carrasco）和阿特亚加坚持攀登。几小时后，三人终于登顶，眼前的景象让他们觉得此前的努力都没有白费。遗迹的大部分已被丛林覆盖，但它无疑是一处妙境。海勒姆·宾厄姆很快便向世界宣告了他的发现，他认为这就是他们一直苦苦寻找的印加帝国失落的首都——马丘比丘！

马丘比丘是印加帝国君主帕查库特克的居所之一，已被联合国教科文组织列入《世界遗产名录》，每年吸引将近150万名游客到访。面对旅游热潮，2003年贝尔蒙德集团决定开通连接库斯科和距离马丘比丘遗址最近的村镇——马丘比丘村——的奢华列车。集团将列车命名为"海勒姆·宾厄姆号"，以纪念这位发现了马丘比丘的探险家。列车仅有6节车厢，全程3个半小时，乘客们可以毫不费力地攀升到海拔2400米的高山上，抵达失落的圣地。列车沿乌鲁班巴河行驶，乘客们可在途中看见奥兰泰坦博（Ollantaytambo）印加古堡垒的遗迹。

列车的车厢最初由国际卧铺车公司制造，贝尔蒙德集团收购后进行了全面翻新，每趟列车可搭载约80名乘客，他们可在环境优雅的餐车中品尝早午餐和颇具异国情调的鸡尾酒。大多数传统豪华快车最令人印象深刻的都是奢华的过夜包厢，而海勒姆·宾厄姆号列车却仅有一个总统包厢，留给最尊贵的客人。列车的点睛之笔是位于车尾的酒吧车厢，配有全景车窗和露天观景平台，这在南美洲是独一无二的。詹姆斯·帕克建筑工作室负责对海勒姆·宾厄姆号列车的车厢进行现代化改装，对车厢的布局和装饰进行了重新考量，以凸显秘鲁丰富的文化遗产。车厢的内饰将现代感和秘鲁光辉的历史巧妙融合。在这样的环境里，乘客们似乎能看到海勒姆·宾厄姆随意倚靠着酒吧车厢桃花心木的吧台，一边品尝着皮斯科酒，一边畅想着接下来的考古发现。

P218：海勒姆·宾厄姆号列车酒吧车厢的装饰由詹姆斯·帕克建筑工作室主理。

P220-P221：海勒姆·宾厄姆号列车从库斯科开往马丘比丘，沿途风景如画。

P222、P223：列车有2节餐车，乘客们可以一边用餐，一边欣赏眼前掠过的秘鲁高原美景。

P224、P225（上）：酒吧车厢整体采用红棕色调，沙发上装饰着灰色菱纹靠枕，营造出温暖的氛围。

P225（下）、P226-P227：穿过酒吧车厢，便进入位于列车尾部的观景车厢，乘客可以在这里欣赏自然美景，视野完全无遮挡。

奢华列车梦幻之旅　LA FOLIE DES TRAINS DE LUXE

# Andean Explorer

## 安第斯探索号列车

**始发站：** 秘鲁库斯科万查克火车站
**列车结构：** 20 节车厢（11 节卧铺车厢、2 节餐车、1 节观景酒吧车厢、1 节钢琴酒吧车厢、1 节水疗车厢、1 节后厨车厢、1 节设备车厢、2 节乘务员车厢）
**运行时间：** 2017 年投入运营

## 24.

### 南美洲的豪华快车

安第斯探索号列车是南美洲首趟豪华卧铺列车，每年约行驶 11000 千米。这列从前在澳大利亚平原上纵横的火车，如今驰骋在秘鲁安第斯山脉的山巅。列车往返于古印加帝国的首都库斯科和阿雷基帕，途经的的喀喀湖。

搭乘安第斯探索号列车，您可以在游览安第斯山脉的同时，享受星级酒店般的舒适。这是一趟田园诗意的旅程。车厢的桃花心木护墙板上镶嵌着新艺术风格的装饰，整体采用灰色和白色调，令人联想到欧洲奢华列车的美好时代，但又融入不少秘鲁元素。乘客们若仔细观察，还可以发现车厢制造之初留下的一些痕迹：窗框上钉着刻有制造商名称的小牌匾，半月形玻璃窗上印着车厢原主人的标志。

2016 年，安第斯探索号列车的 20 节车厢离开诞生地澳大利亚，运抵秘鲁高原。那一年，贝尔蒙德集团决定回购澳大利亚昆士兰铁道公司所持有的此趟列车的产权，列车从双方共同拥有变为贝尔蒙德集团独家所有。列车于 20 世纪 90 年代投入制造，最初是一列昆士兰地区的奢华列车，其华丽的铂尔曼式车厢产自昆士兰铁道公司的工厂。1999 年，列车以"大南太平洋快车"（Great South Pacific Express）的名称首次投入运营，却并未取得创立者们所期待的成功。2003 年，列车停运。此后，这些刷着优雅红色外漆的车厢被闲置在仓库中，落满灰尘。直到 13 年后，贝尔蒙德集团决定为列车更名，让它在另一个大洲重新启程。

在秘鲁铁道公司阿雷基帕工厂的能工巧匠手中，经典的铂尔曼式车厢被刷上全新的色彩，令人联想到安第斯山区灿烂的星空。每节车厢都用当地的花卉命名，如"伊楚"（Ichu）、"玛卡"（Maca）……詹姆斯·帕克建筑工作室对车厢进行了现代化改造和重新布置。改装后的列车减少了载客量，显得更

P228：安第斯探索号列车的装饰以白色、灰色、蓝色和金色为主色，与所在国家的色彩相呼应。

P230-P231：安第斯探索号列车的钢琴酒吧墙壁上装饰着秘鲁特色挂毯，车厢内摆放着舒适的长沙发。

加宽敞，车厢也更加现代和舒适，甚至配备了专门的水疗车厢。车厢的装饰由英国穆扎工作室（Muza Lab）负责。为了让列车更具特色，工作室在设计中融入了很多秘鲁传统文化元素。温馨质朴的家具、有着印加图案的鲜艳挂毯、稀有的蝴蝶标本和老照片……这列之前曾属于澳大利亚的火车完成了蜕变。每趟列车可搭载70名乘客，人们可以前往位于列车尾部的露天观景台，欣赏无遮挡的美景。安第斯探索号列车如今仍然不知疲倦地行驶在路上，带领乘客抵达梦中的远方。

P232（上）：这个简约的包厢配有折叠床，在"日间"模式下，卧铺被收起，变为舒适的长椅，乘客们可以坐在上面欣赏美景。

P232（下）：私人包厢洗手间内的立柱盆。

P233：配有独立卫浴和衣柜的双人大床套房。

P234、P235：安第斯探索号列车的1节餐车内景。餐车大面积使用灰色和白色，皮质沙发和手工挂毯作为点缀，乘客们可以在这里享用秘鲁当地美食。

P236-P237：安第斯山脉是列车的绝美背景。

# BIBLIOGRAPHIE SÉLECTIVE

# 参 考 文 献

Beebe Lucius, *20th Century*, Berkeley, Howell-North Books, 1962.

Beebe Lucius, *Mansions on Rails. The Folklore of the Private Railway Car*, Berkeley, Howell-North Books, 1959.

Beebe Lucius, *Mr. Pullman's Elegant Palace Car*, New York, Doubleday & Company, 1961.

Behrend George, *Grand European Expresses. The Story of the Wagons-Lits*, Londres, George Allen and Unwin Ltd., 1962.

Behrend George, *Histoire des trains de luxe, de l'Orient-Express au TEE*, Fribourg, Office du livre, 1977.

Bony Anne et Abekassis Gavriella (biographie), *René Prou. Entre Art déco et modernisme*, Paris, Norma Éditions, 2018.

Des Cars Jean et Caracalla Jean-Paul, *Le Train Bleu et les grands express de la Riviera*, Paris, Denoël, 1988.

Des Cars Jean et Caracalla Jean-Paul, *Le Transsibérien*, Paris, Denoël, 1986.

Des Cars Jean et Caracalla Jean-Paul, *L'Orient-Express. un siècle d'aventures ferroviaires*, Paris, Denoël, 1984.

Des Cars Jean et Commault Roger, *Sleeping Story. L'épopée des wagons-lits*, Paris, Julliard, 1976.

Hancock Basil, « The *Great South Pacific Express* goes west », *Railway Digest*, n°57, avril 2019, p. 52-55.

Lamming Clive, *L'Orient-Express*, Vanves, E/P/A, 2017.

Lamming Clive, *Trains de luxe et de prestige*, Paris, Éditions Atlas, 2011.

Lamming Clive, *Trains d'exception*, Paris, Éditions Atlas, 2011.

*L'Objet d'art*, hors-série « Lalique et l'art du voyage », n°99, 2016.

Mazenod Sophie de, *Ces trains qui font rêver. Histoire des trains de luxe, des grands express et des petites lignes pittoresques*, Paris, Solar, 1990.

Orvitti Oreste et Ossana Cavadini Nicoletta, *Treni fra arte, grafica a design / Trains between art, graphics and design*, Milan, Skira, 2021.

Sherwood Shirley, *Venice Simplon Orient-Express. The return of the World's Most Famous Glamorous Train*, Londres, Weidenfeld & Nicolson, 1984.

《蓝色列车驶离里昂火车站》（*Le Train Bleu au départ de la gare de Lyon*），米歇尔·拉玛什（Michel Lamarche）绘于1986年。亚历山德罗·贝伦达收藏。

# CRÉDITS ICONOGRAPHIQUES 图 片 版 权

封面和封底 © Courtesy Belmond Ltd.
正文前 1 到 9 © Courtesy Belmond Ltd.
正文前 10 © Collection Alessandro Bellenda / D.R.
1 左 © Chicago History Museum / Getty Images
1 右 © Heritage Images / Getty Images
2, 3, 4-5 © Collection Alessandro Bellenda / D.R.
6 © The Asahi Shimbun / Getty Images
7 © Fox Photos / Getty Images
8, 9, 10 下, 11 © Collection Alessandro Bellenda / D.R.
10 上 © Nicolò Puppo / Courtesy Alessandro Bellenda
12-13 © Keystone-France / Getty Images
14 © Collection Alessandro Bellenda / D.R.
15, 16-17 © Dimore Studio / Courtesy Arsenale S.p.A - Gruppo Barletta S.p.A.
18 到 29 © Courtesy The Presidential Train
30, 32, 33 © David Lefranc / Getty Images
34-35 © Thanachai Wachiraworakam / Getty Images
36 © Robert Deyrail / Getty Images
38, 39, 40-41, 42 © Collection Alessandro Bellenda / D.R.
43 © Clu / Getty Images
44 上 © Everett Collection / Bridgeman Images
44 中 © TCD / ITV Studios - WGBH - Agatha Christie- Latina Pictures - Picture Partnership Productions
44 下 © Everett Collection / Bridgeman Images
45 © Movie Poster Image Art / Getty Images
46 到 57 © Courtesy Belmond Ltd.
58 到 63 © Ullstein bild Dtl. / Getty Images
64 到 73 © Courtesy Golden Eagle Luxury Trains
74 到 83 © Courtesy Belmond Ltd.
84-85 © David Lefranc / Getty Images
86, 88-89, 90, 91 © Science & Society Picture Library / Getty Images
92-93 © Fox Photos / Getty Images
94-95 © Science & Society Picture Library / Getty Images

96-111 © Courtesy Belmond Ltd.
112-123 © Courtesy Belmond Ltd.
124 © Collection Alessandro Bellenda / D.R.
126 © Photothèque Wagons-Lits Diffusion - Paris
127 © Robert Deyrail / Getty Images
128 © Photothèque Wagons-Lits Diffusion - Paris
129, 130, 131, 132, 133, 134 © Collection Alessandro Bellenda / D.R.
136-137, 138 © Robert Deyrail / Getty Images
139, 140, 141 © Collection Alessandro Bellenda / D.R.
142-143 © Robert Deyrail / Getty Images
144-145 © Collection Alessandro Bellenda / D.R.
146 到 153 © Courtesy Golden Eagle Luxury Trains
154 到 161 © David Lefranc / Getty Images
162 到 171 © Courtesy Belmond Ltd.
172, 174, 175 © Kyodo News / Getty Images
176 到 182 © Kyodo News / Getty Images
183 © Found Image Holdings Inc / Contributeur
184 到 191 © Provided by TOKYU CORPORATION
192, 194, 195, 196-197, 198 © The Asahi Shimbun / Getty Images
199, 200-201 © Kyodo News / Getty Images
202 © Bettmann / Getty Images
204, 205 © Fox Photos / Getty Images
206-207 © Bettmann / Getty Images
208, 210, 211 © Wolfgang Kaehler / Getty Images
212-213 © Education Images / Getty Images
214 © Slim Aarons / Getty Images
216-217 © Jon Brenneis / Getty Images
218 到 227 © Courtesy Belmond Ltd.
228 到 237 © Courtesy Belmond Ltd.
238, 240 © Collection Alessandro Bellenda / D.R.
242-243 © Courtesy Belmond Ltd.

# 致　　　谢

## REMERCIEMENTS

本书编者谨向以下人员致以诚挚谢意：

贝尔蒙德集团——奥塔维亚·帕隆巴（Ottavia Palomba）

贝尔蒙德集团——凯特·汤普森（Kate Thompson）

金鹰号奢华列车公司——乔利·葛兰（Joely Garland）

总统专列——卡塔琳娜·格拉索（Catarina Colaço）

皇家特快——菅野祐介（Yusuke Kanno）

Arsenale建筑公司、Gruppo Barletta建筑公司——西蒙娜·潘托（Simona Pantò）

感谢亚历山德罗·贝伦达的大力支持。

P240：蔚蓝海岸铂尔曼号列车宣传海报，里见宗次（Munetsugu Satomi）绘于1934年。亚历山德罗·贝伦达收藏。

P242-P243：美国导演韦斯·安德森为英国铂尔曼号列车的"天鹅"车厢设计的落日图案镶嵌护墙板。

图书在版编目（CIP）数据

奢华列车梦幻之旅 /（法）西蒙·贝尔特兰德著；
霍一然译 . — 北京：中央编译出版社，2024.4
ISBN 978-7-5117-4444-9

Ⅰ.①奢… Ⅱ.①西…②霍… Ⅲ.①列车 - 普及读
物 Ⅳ.① U292.9-49

中国国家版本馆 CIP 数据核字（2023）第 103164 号

La folie des trains de luxe © Éditions E/P/A, 2022
Simon Bertrand
Création graphique : Lucie Polard

图字号：01-2023-3090

**奢华列车梦幻之旅**
Shehua Lieche Menghuan zhi Lü

| | |
|---|---|
| **总 策 划** | 李　娟 |
| **责任编辑** | 赵可佳 |
| **特约编辑** | 邓佩佩　李文彬 |
| **营销编辑** | 陶　琳 |
| **装帧设计** | 熊　琼 |
| **责任印制** | 李　颖 |
| **出版发行** | 中央编译出版社 |
| **网　　址** | www.cctpcm.com |
| **地　　址** | 北京市海淀区北四环西路 69 号（100080） |
| **电　　话** | （010）55627391（总编室）　（010）55627312（编辑室）<br>（010）55627320（发行部）　（010）55627377（新技术部） |
| **经　　销** | 全国新华书店 |
| **印　　刷** | 北京盛通印刷股份有限公司 |
| **开　　本** | 787 毫米 ×1092 毫米 1/12 |
| **字　　数** | 93 千字 |
| **印　　张** | 21.5 |
| **版　　次** | 2024 年 4 月第 1 版 |
| **印　　次** | 2024 年 4 月第 1 次印刷 |
| **定　　价** | 258.00 元 |

**新浪微博**：@ 中央编译出版社　　**微　信**：中央编译出版社（ID：cctphome）
**淘宝店铺**：中央编译出版社直销店（http://shop108367160.taobao.com）（010）55627331
**本社常年法律顾问**：北京市吴栾赵阎律师事务所律师　闫军　梁勤
凡有印装质量问题，本社负责调换，电话：（010）55626985